GRANDES MUSEOS DEL MUNDO

NUMEN

ARTE A TRAVÉS DEL TIEMPO

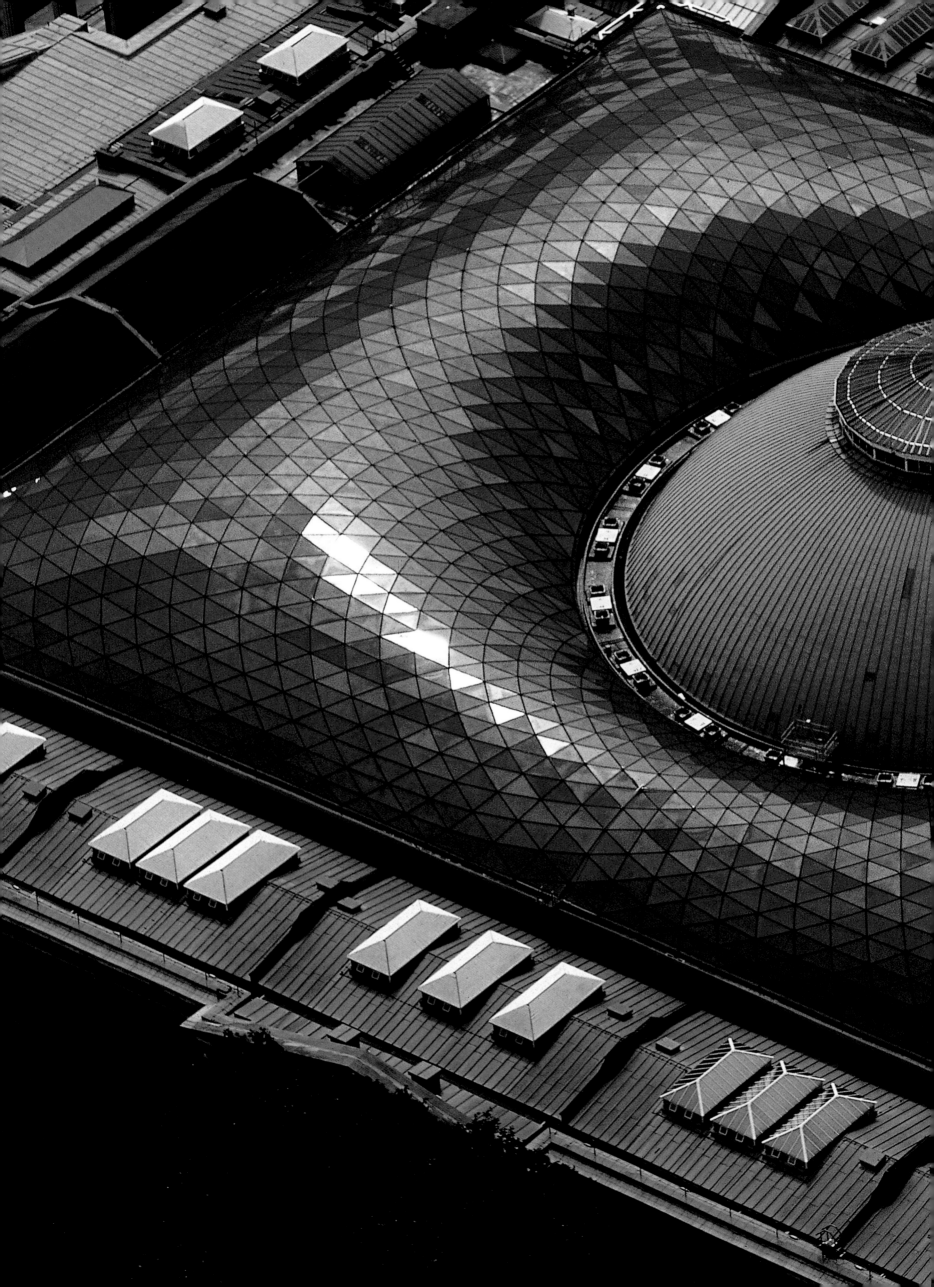

CONTENIDO

TEXTO
Giulia Camin
PROYECTO EDITORIAL
Valeria Manferto De Fabianis
REDACCIÓN
Laura Accomazzo, Novella Monti
PROYECTO GRÁFICO
Paola Piacco
REAIZACIÓN GRÁFICA
Stefania Costanzo

1 *Boceto del Museum of Modern Art de San Francisco, de Mario Botta, 1995.*

2-3 *La Pirámide del Louvre, de I.M. Pei, 1988.*

4-5 *El techo de cristal del British Museum diseñado por lord Foster, 2000.*

World copyright © 2007 White Star S.p.A.,
Via Candido Sassone 22-24, 13100 Vercelli, Italia

Importado y publicado en México en 2007 por
Advanced Marketing, S. de R.L. de C.V.
Bajo el Sello Numen

Título original: Musei. Architettura d'Arte nel Mondo
Traducción al Español: Grandes Museos del Mundo
Reproducción autorizada bajo convenio
con White Star S.p.A.

Publicado en México por:
Advanced Marketing, S. de R.L. de C.V.
Calzada San Francisco Cuautlalpan No. 102 Bodega "D",
Col. San Francisco Cuautlalpan, Naucalpan de Juárez,
Edo. de México, C.P. 53569

ISBN 10: 970-718-595-3
ISBN 13: 978-970-718-595-1

1 2 3 4 5 6   07 08 09 10

Fabricado e impreso en China

INTRODUCCIÓN

La historia de los museos es fascinante. Después de haber sido considerados durante muchos años como depósitos polvorientos de la memoria del pasado, los museos se presentan ahora como la más eficaz e indiscutible metáfora de la sociedad del pasado y de la actual, testificando puntualmente sus cambios y facetas. El museo es una realidad extremadamente dinámica, viva, capaz de reinventarse continuamente y mantenerse con el paso de los tiempos. De hecho, cuando parecía surgir en el horizonte un posible final al papel que desempeña esta institución demasiado antigua para mantenerse todavía actual, el museo ha respondido a la temida crisis reforzándose y manifestándose mediante un florecimiento y una proliferación de dimensiones realmente inigualables. Desde los últimos decenios del siglo XX, una increíble cantidad de ciudades del mundo ha dado vida a nuevos museos con los motivos más diversos y con la complicidad de una arquitectura museística que, desarrollándose y abriendo nuevos modos de plasmar estos lugares de la memoria y la identidad colectiva, ha ampliado posteriormente su importancia. Este volumen intenta proponer una amplia reseña de los museos del mundo, narrando la historia de sus colecciones y los edificios que las albergan, mediante la utilización de un magnífico despliegue fotográfico que nos cuenta emblemáticamente los espacios y sus particularidades, ofreciendo a los lectores un viaje de redescubrimiento de los principales protagonistas de la evolución museística de todos los tiempos. Se trata de historias fascinantes que no sólo permiten recorrer las vidas y el talento de emperadores, papas, coleccionistas privados, eruditos o ciudadanos sencillos que han logrado el sueño de fundarlos, sino también recorrer las huellas de la historia de la misma humanidad, vista a través de los ojos del ser humano que ha querido defender dicha historia del paso del tiempo, estudiarla y hacerla accesible a las generaciones futuras. En la museología se cruzan inseparablemente gestas coleccionistas, conquistas científicas y técnicas, transformaciones e innovaciones arquitectónicas, investigación e historia de las civilizaciones del pasado y la ardua perseverancia, casi paradójica, de historiar la contemporaneidad en el presente. En la vasta panorámica que se ofrece, los museos se presentan en toda su peculiar variedad y heterogeneidad, y se caracterizan por fortísimas individualidades que resaltan historias y recorridos muy diversos. El hilo conductor, que mantiene unidos lugares y colecciones tan diversas entre sí, es el mismo deseo de reunir, conservar, exponer y transmitir un patrimonio que ha sido –y debe ser– traducido en el placer del conocimiento, de divulgar en el presente y conservar para el futuro, y es este aspecto el que une a los museos de cuño iluminista y carácter enciclopédico con aquellos más recientes, quizá estrechamente temáticos.

¿Son los museos simples contenedores? Ciertamente no; la historia de aquellos que los han deseado, construido y custodiado, de los que han plasmado orden y forma, continuando y organizando los objetos de valor económico, pero sobre todo cultural, nos permite, todavía hoy, adentrarnos en el extraordinario y siempre fértil terreno de la historia de la cultura y de la memoria de las diversas identidades culturales que han habitado el mundo y coexisten en él.

¿Pero cuándo nació el museo? ¿Y cómo ha evolucionado con los tiempos? Para remontarse a los orígenes de esta institución es necesario volver a la historia antigua, a cuándo, como dice el mismo término, el museo era el Museion, es decir, el lugar de las Musas. Su papel era entonces el de un templo sagrado, accesible sólo a los sacerdotes. El primer ejemplo que nos cuenta la historia de la tradición clásica es el famoso edificio construido por Ptolomeo II Filadelfo en Alejandría de Egipto, en el siglo III a.C. Se trataba de una especie de primigenia institución cultural del Estado, en la que se conservaban textos de valor, manuscritos, libros curiosos, además de esculturas y objetos de valor artístico y de culto, y que poseía la función política de hacer de puente entre el nuevo reino y el imperio de Alejandro.

Una de las primeras ocasiones en las que se utilizó el término «museo» fue en el siglo XVI para referirse a una colección privada constituida por un conjunto de obras de arte, la del italiano Paolo Giovio, quien en su palacio en el lago de Como reunió una extraordinaria colección de retratos de hombres insignes. Por este motivo Cosme I llamará «Gioviana» a su galería en el interior de los Uffizi, rindiéndole así homenaje.

6-7 *Escalinata de los Embajadores en el Museo del Hermitage, San Petersburgo.*

8-9 *Blanche and A. L. Levine Court, en el Metropolitan Museum of Modern Art de Nueva York, 1939-1985.*

10 *Emblema y logotipo del Museum of Modern Art, Nueva York.*

11 *Kunsthistorisches Museum de Viena, 1891, Teseo y el Centauro de Antonio Canova.*

12 *Museo de las Ciencias Príncipe Felipe, Valencia, de Santiago Calatrava, 2000.*

Sin embargo, en la tradición renacentista tardía aparece el fenómeno de las Wunderkammern (habitación de maravillas), palabra alemana con la que se identificaban las singulares colecciones privadas que estaban formadas por cúmulos de objetos fuera de lo común. Se trataba verdaderamente de colecciones en las que no estaba claro el intento de catalogar y clasificar objetos de interés científico o artístico para insertarlas en un esquema cualquiera de valor cognitivo, sino que cuyo fin era en realidad el de mostrar a pocos y selectos visitantes un conjunto de objetos singulares y sorprendentes de diversa curiosidad, destinados a provocar estupor y sorpresa en el observador. Bajo la luz del siglo XVII nacen en cambio las instituciones que encarnan la idea moderna de museo: en el iluminismo es cuando varias colecciones, dedicadas originalmente a temáticas específicas sectoriales, se integran con el intento de alcanzar la universalidad enciclopédica propia de la época. La sed de un saber ordenado y catalogado sistemáticamente que expresan los museos iluministas reflejaba perfectamente la investigación de las primeras enciclopedias publicadas en aquellos años, entre las que recordamos la francesa de Denis Diderot de 1751. El Museo iluminista se convierte en el lugar del saber por excelencia, en el que se debe exponer todo aquello que han producido perfectamente el arte y la naturaleza. Es en este momento específico de la historia cuando el museo adquiere su más importante responsabilidad social como papel de relevancia para la colectividad, desarrollando una fortísima función didáctica, educativa, de trasmisión del saber y de expansión del horizonte para todos aquellos que emprenderán una visita al mismo.

De ese espíritu nacen dos protagonistas de la museología de todos los tiempos: el British Museum de Londres, fundado en 1759, y el Museo Louvre de París, abierto al público en 1793. En ambos casos se trata todavía hoy de símbolos incomparables de aquella sed del saber universal, custodios de preciosas y vastas colecciones que el museo abrió por primera vez al amplio público, determinando de forma irrevocable la función intrínseca de utilidad social en una forma democrática que lo contrapone al elitismo con el que comenzó su aventura destinada a unos pocos privilegiados. Más allá del pensamiento iluminista, este deseo de representar la totalidad del saber cede paso a la especificidad de las colecciones y museos que concentran su atención y energía a la diversificación de géneros, reflejando cambios históricos, económicos y sociales,

haciéndose intérpretes de diversas orientaciones políticas y convirtiéndose a menudo en instrumentos de poder, no sólo social, del que siempre han sido elemento distintivo, sino también político, como reflejan particularmente los museos nacidos bajo las expansiones colonialistas.

Las vicisitudes fascinantes de coleccionistas y mecenas que han regalado a la humanidad entera lugares de valor inconmensurable se entrecruzan indisolublemente con las multiformes transformaciones de la arquitectura museística, que entre el siglo XX y el XXI han conocido una aceleración y un fermento decididamente dignos de mencionar. De los templos de la Antigüedad a los panteones y corredores de palacios nobiliarios; de las espléndidas residencias reales donde las colecciones eran originalmente galerías de representación, «Wunderkammern», a los verdaderos y auténticos «Teatros» de la memoria de la época moderna en la que los museos nos ofrecen el testimonio de una posterior transformación de su propia presentación. Los museos abiertos al público más amplio necesitan espacios más grandes para permitir el disfrute adecuado de las obras, y se convierten en lugares públicos y como tales pasaron a formar parte de la moderna industria de la cultura, del espectáculo y del entretenimiento.

El museo de la época posmoderna (como se define la época en la que vivimos) se ha convertido en lugar de reclamo para grandes afluencias de público, por lo que está aún más vivo, y el visitante no sólo encuentra colecciones que admirar, sino realidades culturales de las que puede formar parte, con las que puede interactuar. El museo se convierte así en una máquina de producción cultural, tal como el primero de todos ellos: el Centro Pompidou de París, con su estructura futurista y de ingeniería con los mecanismos a la vista, proyectado por Renzo Piano y Richard Rogers y abierto al público en 1977. Pero el siglo XXI también es época de espectacularidad arquitectónica y entonces no podemos dejar de mencionar otro momento fundamental, que ha marcado el debate entre museología y arquitectura: en 1997 una ciudad escasamente visitada por los turistas, en una de las provincias vascas de España, estalla a nivel internacional, cubierta de nueva fama y prestigio, gracias a la construcción de una nueva sede de la Fundación Guggenheim. Naturalmente se alude a Bilbao y a la imagen, con la que la misma ciudad es universalmente identificada, de la increíble arquitectura de Frank O. Gehry, extraordinaria y escultural en su modo de acercarse y competir ella mis-

15 *National Gallery de Londres, de William Wilkins, 1838.*

16 *Museo Guggenheim de Bilbao, de Fran O. Gehry, 1997.*

18-19 *Kunsthistorisches Museum de Viena, 1891.*

ma con el arte contemporáneo y no sólo en custodiarlo. El museo, de galería o templo laico, a menudo aséptico y deliberadamente en busca de una neutralidad con la que hacer funcionales sus propios espacios expositivos, se convierte hoy en protagonista de un encendido debate en continuo fermento. Por una parte encontramos las arquitecturas más «vistosas», espectaculares, de formas seductoras y cautivadoras, que reclaman al público por sí mismas. Entre éstas mencionaremos además del caso emblemático de Bilbao y el trabajo de Gehry, las arquitecturas de Daniel Libeskind para el Museo Judío de Berlín, Moshe Safdie con el Museo Yad Vashem de Jerusalén, Zaha Hadid por el Museo Vitra en Weill am Rhein, Santiago Calatrava con el Museo de las Ciencias de Valencia, Jean Nouvel con el Branly de París, el estudio UN con el Museo Mercedes-Benz de Stuttgart, por citar sólo algunos cuyas característcas son verificables en las magníficas fotografías contenidas en este volumen. El aspecto interesante de tales edificios viene dado por los nuevos procedimientos de proyección arquitectónica con los que han sido realizadas sus formas, como testifican las arquitecturas ideadas por Daniel Libeskind en Berlín y Moshe Safdie en Jerusalén. En ambos casos se trata de museos dedicados a la dramática e intensa historia del Holocausto, ejemplos representativos de cómo los museos han sido pensados no sólo como lugares en los que exponer y conservar la memoria histórica, sino sobre todo como auténticos monumentos y memoriales. También de modo monumental y espectacular, aunque con finalidad diferente, se presenta el museo Mercedes-Benz de Stuttgart, en el que los arquitectos del estudio UN han jugado con el logotipo de la casa automovilística Mercedes Benz, elaborando sugestivos espacios replegados en ellos mismos, y la eficaz monumentalidad del Museo de las Ciencias de Valencia de Santiago Calatrava, o también el novísimo y divertido edificio que alberga las colecciones antropológicas y etnográficas del Museo Branly de París, ideado por Jean Nouvel. La otra cara de la medalla está constituida por arquitecturas que expresan una filosofía expositiva más simple, lineal, pensada para espacios no excesivamente caracterizados o caracterizantes. Estos casos, entre los que destacamos el trabajo de otros importantes arquitectos de fama mundial como Mario Botta y, en parte, Renzo Piano, Tadao Ando, Herzog de Meuron y Yoshio Taniguchi, hacen que el museo sea también una moderna catedral del mundo contemporáneo.

En estos casos puede ser verdaderamente útil la difusa definición de «White Cube», «Cubo Blanco», en la que el edificio nace como real y genuino contenedor neutro y aséptico, con la única función de valorar el contenido de las mismas colecciones. Pensamos por ejemplo en el amplio espacio vacío de la Turbine Hall en la Tate Modern de Londres, en el que una acción de recuperación de arqueología industrial ha supuesto, por parte del estudio de los arquitectos suizos Herzog y De Meuron, el menor número posible de intervenciones en favor de la mayor valoración de los espacios preexistentes. Asímismo consideramos el tema de Yoshio Taniguchi con su MoMA de Nueva York, y de Mario Botta, con el Mart de Trento y Rovereto y el San Francisco Museum of Modern Art, que puede ser ejemplificado con el uso esencial de la luz natural que se compenetra en el espacio.

Pero los museos tienen una historia bastante estratificada, excepto los más recientes, y la necesidad de estar al día les impone un dinamismo y una vitalidad que se refleja en la actividad y en los programas culturales, o bien en el modo de ampliar o repensar los espacios. Por ello, a partir del siglo XX se ha constatado un fenómeno en expansión, que contempla a históricos museos del pasado dotarse de ampliaciones firmadas por importantes arquitectos de la contemporaneidad. Antiguo y moderno por tanto se confrontan: desde la célebre pirámide de Ieoh Ming Pei, casi símbolo del Louvre tanto como la Gioconda de Leonardo, hasta la Sainsbury Wing de Robert Venturi y Denise Scott Brown para la National Gallery de Londres; desde la Great Court de Norman Foster en el British Museum al anexo de Jean Nouvel para el Reina Sofía de Madrid, por mencionar sólo algunos de los ejemplos más célebres analizados en el texto.

La selección que se presenta aquí comprende, de Oriente a Occidente, los más importantes museos del mundo, que representan colecciones y planteamientos museísticos de las características más diversas. Desde los primeros museos de carácter enciclopédico hasta los lugares fascinantes de la arqueología y la antropología que nos narran las grandes civilizaciones del pasado, de los lugares de culto del arte, entre el Renacimiento y la contemporaneidad, a los de historia natural, de ciencia y de técnica, que conservan inestimables testimonios del nacimiento, evolución y progreso de la especie humana, animal y vegetal. Los museos del mundo, por tanto, son vistos como metáforas siempre actuales del conocimiento y de la conciencia humana, que han deseado con el tiempo dar vida a lugares donde la cultura y el saber pudieran convertirse en un instrumento preciado y democrático de enriquecimiento individual y social.

20-21 Detalle del Natural History Museum de Londres, de Francis Fowke y Alfred Waterhouse, 1885.

22-23 Museo de Quai Branly en París, de Jean Nouvel, 2005.

24-25 Museo Judío de Berlín, de Daniel Libeskind, 2001.

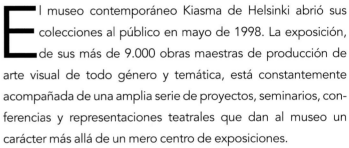

Museo Kiasma

HELSINKI, FINLANDIA

El museo contemporáneo Kiasma de Helsinki abrió sus colecciones al público en mayo de 1998. La exposición, de sus más de 9.000 obras maestras de producción de arte visual de todo género y temática, está constantemente acompañada de una amplia serie de proyectos, seminarios, conferencias y representaciones teatrales que dan al museo un carácter más allá de un mero centro de exposiciones.

El fascinante edifico que lo alberga, y de cuya estructura deriva también su mismo nombre, lleva la firma del arquitecto norteamericano Steven Holl, uno de los mayores arquitectos contemporáneos. El museo presenta un gran cuidado del detalle y, a la vez, una constante unidad y fluidez de los espacios que resultan imprevisibles al visitante, puesto que aún siendo antiespectaculares e integrados tanto en el tejido urbano o en el ambiente circundante de modo moderno resulta extremadamente natural.

Kiasma porque, como revela el término, la estructura arquitectónica nace de un contraste plásticamente expresado en la correlación contrastada de las partes que lo componen; un bloque rectangular más bien lineal, envuelto y dominado por una contraestructura similar a una ola. La simplicidad es sobre todo perceptible por las formas y la elección de los materiales y colores, la grande y sinuosa curva en zinc, titanio y cobre plasma el techo y el edificio entero recordando la espléndida naturaleza del paisaje circundante y la próxima bahía de Töölo. Los muros blanquísimos siguen líneas y fluidas formas curvilíneas, creando 25 galerías ligeramente oblicuas y siempre diferentes entre ellas; diversidad práctica al conjugarse a la función específica de exponer los multiformes experimentos artísticos contemporáneos. La extensión de estas paredes que crean continuos cambios de perspectiva y puntos de vista ofrecen al visitante un sentido continuo de descubrimiento de la arquitectura y de las obras allí expuestas. De enorme importancia es, además, la correlación con la luz natural y la iluminación de los internos; cada galería presenta una diferente modalidad de iluminación, y así se pasa de luces artificiales fluorescentes a ambientes deliberadamente en penumbra, o a aquellos muy iluminados por aberturas de cristal que recogen la luz horizontal típica de los países del norte.

26-27 Desde 1993, el Kiasma ha pasado a formar parte del paisaje de la capital finlandesa, integrándose con magistral naturalidad en el ambiente y la geometría urbanos, e implicando lazos culturales implícitos con los edificios circundantes (el Parlamento en concreto) mediante la sensible curva de la estructura, un abrazo ideal a la ciudad y a su cultura.

26 abajo y 27 arriba El Museo Kiasma se compone de dos cuerpos armónicos, uno rectilíneo, paralelo a la rejilla vial (a la izquierda en la fotografía); el otro es curvo y de sección transversal variable, de una extremidad más estrecha (a la derecha del enfoque) que la opuesta, mucho más amplia, «en galería», visible en el fondo a la izquierda.

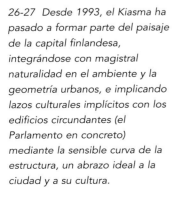

Museo Kiasma

28 El Kiasma expone al visitante a continuos cambios de perspectiva, dinamizando de tal manera las exposiciones singulares o el concepto de museo. El arquitecto Steven Holl representa posiciones muy innovadoras en arquitectura, exprimiendo la negación de valores impuestos y proponiendo soluciones alternativas.

29 Las sorprendentes perspectivas del interior del Kiasma derivan de una precisa atención del estudio de las deformaciones estructurales, para dar vida a experiencias no estáticas, a fin de sumergir al visitante en la arquitectura y los contenidos del edificio, ampliando la percepción física.

Museo Kiasma

30-31 y 31 Dada la asimetría del conjunto y la sección transversal, los diversos ambientes presentan la curvatura en galería que caracteriza el cuerpo meridional del complejo. Todas estas características hacen que las galerías se adapten a las diversas formas de arte contemporáneo, liberando al mismo tiempo al visitante de los vínculos de la visita «no lineal» al museo. La fórmula de Holl ha convencido al público y a la crítica hasta del nombre Kiasma (tan significativo que, caso único, identificaba al proyecto ya en el momento de la contratación), que define una «intersección genérica: en este caso, entre los dos cuerpos del edificio y la ciudad donde está la construcción, evocando las profundas interacciones e insertando de tal manera el museo no sólo en la planimetría de la ciudad, si también, emotivamente, en su espíritu.

British Museum

LONDRES, REINO UNIDO

El British Museum (Museo Británico), fundado en 1759, está considerado el museo más antiguo del mundo. Su nacimiento se produjo en el clima cultural del Iluminismo, al que se debe su vocación y carácter enciclopedista y la intención de ofrecer un servicio de educación y formación a sus visitantes. Su historia comenzó en 1753, gracias a Sir Hans Sloane, ilustre médico y erudito de ciencias naturales que había tomado el puesto de Newton en la dirección de la Royal Society, y que había demostrado durante años una gran pasión por el coleccionismo de arte.

Médico personal de Jorge II, Sir Sloane dejó al rey su colección de cerca de 80.000 objetos, incluido un herbario, una

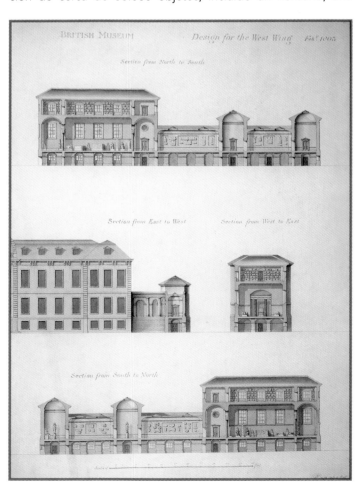

biblioteca, antigüedades, piedras preciosas e instrumentos matemáticos a cambio de un depósito de 20.000 libras esterlinas destinado a sus hijas. Mediante un decreto formulado expresamente para ello –British Museum Act– el Parlamento dispuso la recogida de estos fondos mediante una lotería pública y el 15 de enero de 1759 el museo se abrió oficialmente al público en la sede de la Montague House, uno de los edificios más fascinantes de Londres en el siglo XVIII, apenas recién resturado por el arquitecto Pierre Puget. Con tal decreto se proclamó que toda colección, bien presente o adquirida en un futuro, debiera ser conservada y expuesta para uso público y tal decreto garantizaba el libre disfrute y la gratuidad de acceso. Por tanto se trataba del nacimiento de un museo en toda su acepción moderna, si bien su disposición original se aproximaba más a la de una habitación maravillosa, en la que montones de objetos y obras aparecían colocados de modo desordenado. Como es natural, el aumento de las colecciones impuso un replanteamiento de los espacios destinados a la exposiciones, y en 1802 la administración decidió proceder a efectuar trabajos de ampliación, mediante la construcción de la Townley Gallery, que duraron hasta 1808. Éste consistía en un edificio de estilo palladiano, proyectado por George Saunders y destinado a albergar las colecciones de antigüedades egipcias de Charles Townley.

Al ampliar el patrimonio de antigüedades del museo contribuyó tanto las continuas campañas de excavaciones promovidas por todo el mundo, como importantes adquisiciones de las que proceden, por ejemplo, los mármoles del Partenón, adquiridos en 1816, o la King's Library completa, biblioteca perteneciente a Jorge III que fue adquirida en 1823.

Por tanto fue necesario pensar de nuevo en trabajos de ampliación: sobre el proyecto de Sir Robert Smirke, continuado después por su hermano Sidney, se empezaron los trabajos de construcción de la sede actual, un edificio provisto de una gran estructura rectangular realizada alrededor de un

32 arriba y 32-33 Por las vistas aéreas es posible reconocer la parte posterior y la anterior de la imponente estructura del British Museum. A la derecha se aprecia el tímpano y las columnas que caracterizan la fachada de estilo neoclásico. El palacio se presenta en el conjunto, como un gran cuadrilátero, cerrado alrededor de un descomunal y espectacular patio interno.

32 abajo Los diseños de los bosquejos en sección representan parte del proyecto realizado en 1803 por el arquitecto George Saunders, como propuesta por la expansión de los espacios del museo: el proyecto llevó, en 1808, a la terminación de la nueva sala llamada Townley Gallery, por el coleccionista Charles Townley, destinada para las antigüedades clásicas y egipcias.

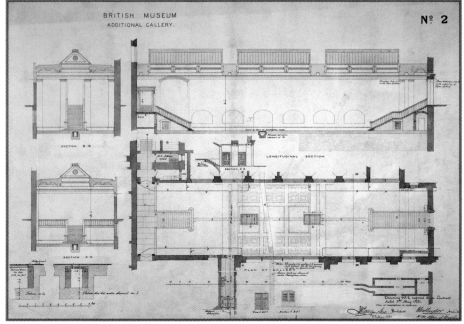

33 abajo La construcción de la Sala mausoleo del British Museum de Londres, de la que vemos un diseño planimétrico y un bosquejo del año 1882, fue completada justo aquel año. Era un ambiente situado en un espacio abierto, proyectado por el arquitecto John Taylor para albergar los restos del Mausoleo de Halicárnaso, adquiridos en 1856.

British Museum

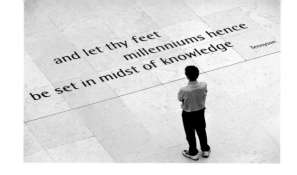

34-35, 35 arriba y centro La extraordinaria Great Court, inaugurada al público en 2000 fue realizada sobre un proyecto del arquitecto Norman Foster, vencedor del concurso abierto en 1994. El área cubierta por la cúpula acristalada acoge al visitante en una especie de plaza accesible al público incluso después del horario de cierre de las galerías.

35 abajo Bajo la innovadora rotonda de vidrio y acero se engloba y conserva, después de una larga y precisa restauración, la originaria Reading Room de Sydney Smirke, construida entre 1854 y 1857, de forma circular y recubierta externamente en piedra gris, a la que se accede por dos amplias escalinatas. El espacio, revalorizado hoy por el proyecto de Foster, presenta una coherente continuidad con el proyecto inicial de Robert Smirke, en el que estaba previsto un gran patio central, que todavía se utiliza hoy para oficinas y almacenes.

British Museum

36 arriba En lo alto de la majestuosa escalinata, para acoger el continuo flujo de visitantes, se encuentra el Discóbolo, copia romana en mármol del original de Mirón.

36 centro Las colecciones de arte del antiguo Egipto –aquí vemos la Sala de las Esculturas– son de las más notables e importantes del museo. Dos de los objetos más importantes aquí conservados son la Piedra de Rossetta y el busto de Ramsés II.

36 abajo El departamento de Arte Antiguo de Oriente Próximo, constituido por las colecciones de objetos de Asia Menor, comprende testimonios que cubren un arco cronológico muy vasto.

36-37 La cúpula de la Reading Room, de Sidney Smirke, fue realizada en 1857 para crear un espacio en el que reponer el material bibliotecario, antes ubicado en el Salón de la Biblioteca de la King's Library, abierto en 1827.

patio abierto y caracterizado por una fachada grandiosa de estilo neoclásico, que representa el origen etimológico y la idea de museo como templo de las Musas. Las esculturas fueron realizadas por sir Richard Westmacott, escultor muy conocido en la época, alumno de Canova. Esta primera fase de los trabajos terminó en 1852, pero se completó en 1857 con la incorporación de la Reading Room, la sala de lectura para la biblioteca, de forma circular y cubierta por una cúpula, edificada en el centro del patio principal. En el siglo XIX se añadió la White Wing cuyos trabajos se extendieron de 1882 a 1885 sobre un proyecto de sir John Taylor. En estos años el museo tiene un enorme éxito que se debió al empeño de directores y conservadores que supieron llevar adelante proyectos de

investigación, guías y publicaciones destinados al público; la primera guía fue publicada en 1808.

Alrededor de 1880, las colecciones de historia natural fueron trasladadas al Museo de South Kensington, que se convertiría en el Museo de Historia Natural, dejando así más espacio para las exposiciones de antigüedades; en 1907 comenzaron nuevos trabajos de ordenación que se concluyeron en 1914. En 1931 se consiguieron los fondos, gracias a la generosidad de lord Duveen, para acondicionar idóneamente los mámoles del Partenón en una galería proyectada por el arquitecto americano John Russell Pope. Los trabajos finalizaron en 1939, pero el cierre producido por el estallido de la Segunda Guerra Muncial duró hasta el año 1962, año de la reapertura, después de la cual se fundó la

British Museum

38 arriba a la izquierda Las galerías africanas albergan algunas placas de bronce procedentes del palacio del rey de Benin (Nigeria) de las que se apropió, junto a otros objetos como cabezas y máscaras rituales, un grupo de militares británicos durante una expedición, en 1897.

38 arriba a la derecha Fundado en 1886, el Departamento de Antigüedades griegas y romanas presenta una rica colección, que comprende testimonios desde la Grecia de la Edad del Bronce hasta el triunfo del Cristianismo en el Imperio Romano, incluida una sala dedicada a los bustos de los emperadores romanos.

38 abajo Las esculturas clásicas procedentes de la Acrópolis de Atenas, llevadas a Reino Unido por lord Elgin constituyen un increíble patrimonio, compuesto principalmente por las decoraciones del Partenón (del que el British Museum conserva casi la mitad del friso).

39 Dos toros alados con cabezas antropomórficas fueron recobradas en 1847 por sir Austen Henry Layard en Nimrud, Irak. Uno de ellos forma ahora parte de la colección asiria del British Museum, mientras el otro se conserva en el Metropolitan Museum of Art de Nueva York.

casa editorial del museo y se instituyó un servicio didáctico destinado al público. En 1980 se inauguró la New Wing, construida sobre un proyecto de sir Colin St. Wilson, pero realizado solo en parte debido a un imprevisto corte de fondos.

Hoy día el British Museum reúne, junto a su larga historia, un toque fascinante, debido a lo cual se ha convertido en uno de sus símbolos modernos: la espectacular e innovadora Queen Elizabeth II Great Court. Ésta, proyectada por el notable arquitecto británico Norman Foster, que ganó en 1994 el concurso para restaurar y redimensionar el espacio de la histórica Reading Room, fue inaugurada en el 2000, y se caracteriza por una luminosa cúpula compuesta por más de 3.000 paneles triangulares de vidrio, todos diferentes, que domina el espacio que antes estaba a cielo abierto y contiene la Reading Room restaurada.

En lo que se refiere a sus colecciones, el British conserva una estructura acondicionada según ámbitos históricos, cronológicos y geográficos, comprendiendo alrededor de 100 galerías en las que se exponen testimonios increíbles procedentes de todo el mundo. Desde las colecciones etnográficas dedicadas a África y América, se llega hasta las secciones que se ocupan del antiguo Oriente Medio, las antigüedades chinas en la sección asiática, los objetos prehistóricos procedentes de Reino Unido y el resto de Europa.

También son ricas las colecciones de antigüedades egipcias, que incluyen la célebre exposición de momias y sarcófagos, y las dedicadas al arte antiguo griego y romano, sin olvidar la sección de artes decorativas y pinturas japonesas, las 750.000 monedas de la sección de numismática y las numerosas obras de la galería de grabados y diseños. Uno de los objetos arqueológicos que ha hecho famoso al British Museum es sin duda la lápida egipcia en basalto negro de la época de Ptolomeo, llamada Piedra de Rosetta, que gracias a sus inscripciones en griego, demótico y caracteres jeroglíficos, permitió al joven erudito Champollion descifrarla en 1822.

Victoria and Albert Museum

LONDRES, REINO UNIDO

El Victoria and Albert Museum es el más grande e importante museo de artes decorativas del mundo y comprende colecciones muy diversas entre sí, desde la historia de los bronces renacentistas a los vestidos de época, y a los grandes tapices, sedas, porcelanas, platas, muebles de anticuario y todo tipo de joyería. Además de ser el más célebre es también el primero en su género, que anticipó el nacimiento de otras importantes instituciones en Viena, Budapest, Nuremberg, Zagreb, París y tantos otros. Las figuras más importantes para el

40 arriba Gracias a las nuevas tecnologías de carpintería metálica (en la fotografía esta construcción es pionera, se remonta a 1862) los trabajos se intensificaron en el interior de lo que sería el Victoria and Albert Museum, en aquella época conocido como South Kensington Museum.

nacimiento y el crecimiento del museo fueron principalmente dos: Henri Cole, que fue también el primer director que encargó para el museo obras de arte decorativas a algunos artistas; y Richard Redgrave, artista que se convirtió en superintendente del Departamento para las Artes Prácticas.

Uno de los primeros pasos importantes promovidos por Cole fue la participación en la exposición universal de 1951, con una muestra acondicionada cerca del Crystal Palace. El éxito de la exposición fue tan grande que permitió, con lo recaudado, adquirir un terreno donde construir la nueva sede. Los trabajos fueron terminados en 1955 y el museo fue inaugurado al público el 22 de junio de 1857, con el nombre de South Kensington Museum. Además de las colecciones ubicadas en la sede precedente, Marlborough House, se expusieron colecciones de nuevos inventos registrados y una colección de historia natural. Entre los objetos más célebres y preciados de la exposición

40 abajo El jardín John Madejski, abierto en julio de 2005, ha sido transformado en la nueva sala custodiada por Kim Wilkie. La característica principal viene dada por el óvalo solado en piedra, que se puede llenar de agua o dejar vacío, según las preferencias.

40-41 El Victoria and Albert Museum abrió, en su sede histórica de South Kensington Road en 1857, pero fue bautizado con el nombre actual en 1899 directamente por la reina Victoria, que colocó la primera piedra para su construcción.

42 Después de una reestructuración de tres años, la Jameel Gallery dedicada al arte islámico y de Oriente Medio, ha asumido un nuevo carácter para acoger más de 400 objetos desde el siglo VIII a 1914, originarios de una extensa área desde España hasta Afganistán.

43 arriba y abajo a la izquierda La entrada principal del Victoria and Albert Museum se encuentra en el centro de la fachada en Cromwell Road. A la entrada, pendiente del centro de la cúpula, hay una lucerna obra del artista estadounidense Dale Chihuly.

43 abajo a la derecha En la sección dedicada a Asia está acondicionada una reconstrucción arquitectónica en la que se exponen joyas, tejidos, objetos, armas y pinturas desde el periodo Mogol hasta el colonial, entre los siglos XVI y XIX.

Victoria and Albert Museum

estaban las copias de las columnas y las vidrieras de la Loggia Vaticana de Rafael y un espejo de la Colección Bernal. Las colecciones crecieron con rapidez y en 1862 se inauguraron otros dos edificios. En la South court, usada también como sede para muestras temporales, fueron expuestos los objetos de metal y los murales del ciclo conocido como Kensington Valhalla, mientras que en la North court se ubicaron sobre todo las cerámicas y algunas copias. En 1865 todos los objetos expuestos fueron ordenados según los materiales. El debate sobre el acondicionamiento más idóneo, o cronológico o por el tipo de objetos, será una característica constante de la historia del museo, que en más ocasiones se encontró reconsiderando y debatiendo su acondicionamiento. La sucesión de acontecimientos sucedidos a finales del siglo

XIX fue determinante para la evolución del V&A: en 1869 el capitán F. Fowke terminó los trabajos comenzados en 1860; aquellos años se adquirieron importantes obras, como la copia del pórtico de Santiago de Compostela, que por la falta de espacio se expuso dividido en partes, y la Columna de Trajano. En 1873 se abrió además la sección dedicada a la arquitectura, diseñada por el general Henry Scott, y a finales de siglo, en 1899, el museo fue renombrado Victoria and Albert Museum. En 1909 se abrió al público el edificio de Aston Webb que se convirtió en la entrada principal del museo. En la West court se expuso la colección de copias y originales de obras maestras del arte europeo, mientras que en la East court se ubicó la arquitectura india. Continuos estudios y búsquedas acompañaban la actividad del

ciudadanos. Desde entonces, la estructura expositiva se compuso de dos tipos de galerías expositivas: aquéllas ordenadas lo y metáfora del papel tanto tradicional como innovador de un museo histórico, pero capaz de estar al día con los tiempos.

46-47 La conservación de la
Waterloo Gallery (de casi
30 metros de larga),
perteneciente al vencedor de la
batalla, el duque de Wellington.

47 arriba La escalera de cerámica
está dominada por ricas
decoraciones realizadas entre
1865 y 1971 con mosaicos,
pinturas y cerámicas que se
atiene a la tradición clásica y

mitológica para dar vida a
representaciones alegóricas de
las Artes y las Ciencias,
emblemáticas por el papel
educativo de la institución
museística completa.

47 centro La Norfolk House Music Room forma parte de las colecciones en las que se han conservado los paneles originales y el techo de la sala de música de Norfolk House en la Town House del Duque de Norfolk, demolida en 1938.

47 abajo Punto de referencia esencial para el público interesado en las Bellas Artes y las Artes Decorativas es la National Art Library, junto al museo, cuya sala de lectura presenta una arquitectura austera y esencial.

48-49 y 49 La National Gallery de Londres, la más importante pinacoteca londinense, nacida en 1824 gracias a la voluntad de un conjunto de ciudadanos, coleccionistas y marchantes, se encuentra en el corazón de la capital británica, en la histórica Trafalgar Square, donde abrió sus puertas en 1838, en el edificio neoclásico proyectado por el arquitecto William Wilkins.

National Gallery
LONDRES, REINO UNIDO

La National Gallery es una de las pinacotecas nacionales más recientes del mundo, ya que su fundación tuvo lugar en 1824 y no derivó, como es el caso de otros museos importantes a escala nacional, de una colección real, sino que nació como museo público, accesible libremente a cualquier ciudadano. El aspecto más interesante que caracteriza su historia es el coleccionístico: la pinacoteca no se desarrolló a partir de colecciones constituidas según un proyecto específico, sino gracias al interés no organizado de un grupo de comerciantes y coleccionistas de la alta burguesía inglesa que supieron, con gran iniciativa, moverse en el mercado del arte, reuniendo extraordinarias obras. Su nacimiento se produjo en el periodo

de Jorge IV, hombre de cultura y sensible al coleccionismo, que contribuyó realmente al clima de intereses en lo concerniente a esta empresa. El Parlamento, instado por el entonces primer ministro, lord Liverpool, decidió aprovisionar una importante suma para permitir la adquisición, conservación y exposición de colecciones de pinturas de importancia pública. En concreto, la primera adquisición promovida por él mismo permitió adquirir 38 obras de la colección de John Julius Angerstein, rico banquero, fallecido hacía poco en aquellos años. Desde entonces, otros coleccionistas tuvieron que donar a la pinacoteca sus colecciones de arte, y fue con estos primeros núcleos de obras cuando se abrió al público el 10 de mayo de 1824, en la primera sede: la casa Angerstein. En la exposición había obras maestras del calibre de Claude Lorrain, Rembrandt, Rubens, Van Dick, Hogarth, Rafael y Sebastiano del Piombo;

National Gallery

50 arriba La galería del ala este fue ampliada gracias a un proyecto iniciado en 2003 por el arquitecto Dixon Jones, culminado con la reapertura de la entrada principal; el pórtico de Trafalgar Square, en 2005, y con la apertura de la entrada Paul Getty.

50 abajo La nueva ala de la National Gallery de Londres, Sainsbury, nacida para custodiar la colección de pinturas del Renacimiento, fue la primera obra realizada en Europa por los arquitectos norteamericanos Robert Venturi y Denise Scott Brown.

51 El ala Sainsbury, recubierta por piedra de Portland, está unida al edificio principal por un paso elevado circular. Alberga 16 salas en poco menos de 2.800 m², donde las obras están organizadas por orden cronológico.

National Gallery

52 El vano de la escalinata de ingreso del ala este presenta un cierre en cúpula y las paredes y suelos tienen decoraciones policromas, según el proyecto de John Dibblee Crace, realizador de decoraciones victorianas tardías.

53 arriba La atención a la luz natural (aquí, un lucernario en la sala 11) revela la época relativamente reciente de la proyección del museo y su destino a tal fin desde sus orígenes.

53 abajo a la izquierda El atrio central, objeto en 2003 de una remodelación, fue repensado y condicionado como pinacoteca y hoy alberga algunas de las pinturas renacentistas más importantes de toda la galería.

53 abajo a la derecha Un grupo de jóvenes escolares visitantes observan una de las pinturas más importantes de la National Gallery: La Familia de Darío ante Alejandro, de Veronés.

incluso el edificio, relativamente pequeño y destartalado, fue puesto en tela de juicio por la prensa londinense que de forma despiadada y poco correcta lo comparó con un complejo grandioso como el Louvre parisino. Entre los benefactores que permitieron que la National Gallery aumentase sus colecciones destacó sir George Beaumont, pintor y mecenas; el reverendo William Holwell Carr que a la Pinacoteca donó su colección que incluía obras de Rembrandt y el célebre San Jorge y el dragón de Tintoretto. A estas donaciones siguieron posteriores adquisiciones, dirigidas por un consejo de administración formado en 1825 que permitió la llegada de obras maestras como La Virgen de la cesta de Correggio o Baco y Ariadna de Ticiano. En 1831, finalmente, el Parlamento decidió la construcción de un nuevo edificio que estaría localizado en Trafalgar Square, elegida por su accesibilidad en vez de otras zonas de Londres. La época victoriana trajo, con el ulterior desarrollo de las colecciones, un consiguiente aumento de prestigio, ya que el príncipe Alberto casado en 1840 con la reina Victoria, era un apasionado de la pintura antigua y moderna, y demostró gran contumacia en resaltar la importancia de un museo similar. En 1842 llegó una de las grandes adquisiciones: El matrimonio Arnolfini de Van Eyck. En 1838 fue inaugurada la sede histórica de la National Gallery en Trafalgar

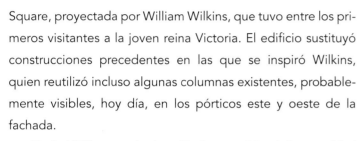

Square, proyectada por William Wilkins, que tuvo entre los primeros visitantes a la joven reina Victoria. El edificio sustituyó construcciones precedentes en las que se inspiró Wilkins, quien reutilizó incluso algunas columnas existentes, probablemente visibles, hoy día, en los pórticos este y oeste de la fachada.

Hacia 1850, una serie de polémicas surgidas de la necesidad de restaurar algunas obras mal conservadas y deterioradas por la contaminación, tuvo como consecuencia una investigación sobre el estado del museo y la idoneidad de sus espacios, pero pese a tal debate, las obras permanecieron en Trafalgar Square, donde por motivos de conservación se limitó la afluencia de público. Aquí llegó una nueva oleada de obras, gracias a la dirección de sir Charles Eastake, atento sobre todo a la calidad y a la fama de las obras a adquirir. Entre las obras destacan las del arte italiano como la *Alegoría* de Bronzino, La *Familia de Darío* de Veronés, la *Batalla de San Romano* de Paolo Uccello y *El Bautismo e Cristo* de Piero della Francesca, además de un número importante de pinturas de William M. Turner.

En 1868, tras ásperas críticas al edificio, el arquitecto E.M. Barry recibió el encargo de proyectar una nueva construcción, pero por fortuna la idea no se llevó a cabo y sólo se añadió una nueva ala en el este del museo. También en ese año se construyó la famosa cúpula.

En 1903 se instituyó el Fondo Nacional para las colecciones de arte, con el fin de llevar a Reino Unido un numero mayor de obras presentes en el mercado. Durante la Segunda Guerra Mundial, las obras de la pinacoteca fueron guardadas en lugares más seguros y el edificio, parcialmente dañado por los bombardeos, fue declarado no idóneo para continuar siendo la sede del museo. Philip Hendy fue nombrado director en 1946, y se ocupó de supervisar un proyecto destinado a obtener nuevas salas de exposiciones y a restaurar las partes destruidas. Los trabajos duraron mucho tiempo, y el ala norte fue completada en 1975. La última fase de ampliación llegó sólo en la década de 1990, con la realización del proyecto de Sainsbury Wing, llamada así por el nombre de sus benefactores. El ala Sainsbury, proyectada por el arquitecto Robert Venturi, inaugurada en 1991 por la reina Isabel, alberga la sección dedicada a la pintura del primer Renacimiento.

Todavía hoy la National Gallery mantiene sus intenciones originales: abierta al público y sobre todo, gratuita, custodia obras de importancia histórico artística inestimable, entre las que destacan: el *San Jerónimo en su estudio* de Antonello da Messina, *Venus y Marte* de Sandro Botticelli, la *Virgen de las rocas* de Leonardo da Vinci, la *Lucrezia* de Lorenzo Lotto y muchísimas más. En sus salas es posible admirar además obras del siglo XIX, gracias a las donaciones de Samuel Courtland y Hugh Lane.

National Gallery

54 y 54-55 La compuesta refinación georgiana, tanto en decoración como en arquitectura, y la admirable racionalidad del proyecto son notas de fondo que no faltan para fascinar al visitante de la National Gallery y que aprecie las obras expuestas. En estas fotografías se observan la sala 9, con obras de Veronés y de pintura veneciana, y la sala 15, con un cuadro de Caude (página izquierda, arriba), un escorzo de la sala 58 a la 57, con Pollaiolo y Botticelli (abajo), y por fin, a la derecha, la sala central. Una de las primeras visitantes de estas salas fue la futura reina Victoria, hija de Eduardo, duque de Kent.

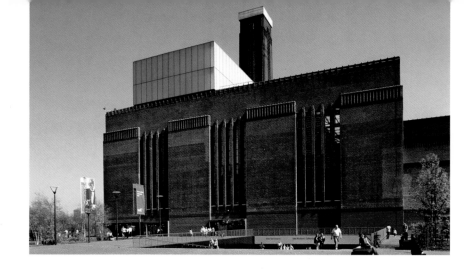

Tate Modern
LONDRES, REINO UNIDO

56 arriba La Tate Modern está ubicada en la antigua central eléctrica de Bankside, de Gilbert Scott, comenzada en 1947 y abierta en 1963. Aunque era un gran centro de suministro eléctrico, se cerró en la década de 1980.

56 centro y abajo La sección longitudinal del edificio y el plano del piso bajo muestran el edificio según el proyecto realizado por los arquitectos suizos Herzog y de Meuron, entre 1997 y 1999.

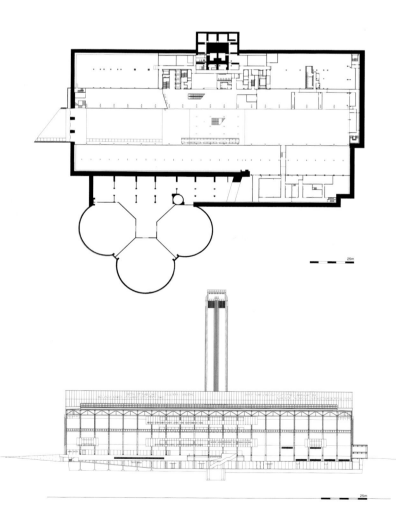

57 El edificio de la Tate Modern, lugar de culto para la exposición de arte contemporáneo en Londres, se sitúa junto a la orilla del Támesis, a la altura del

Millenium Bridge. En el exterior, los arquitectos suizos Lienast Vogt Partner colocaron un pequeño bosque de 600 árboles dispuestos en filas ordenadas.

La Tate Modern domina el río Támesis desde la ribera londinense de Bankside, y marca eficazmente su presencia con una viga luminosa que permite que sea vista a considerable distancia. Vencedores del concurso abierto en 1994 para la proyección de este museo, que se ha convertido en breve tiempo en una de las catedrales consagradas más importantes del arte contemporáneo en el mundo, el cuarteto de arquitectos suizos H&deM, Jacques Herzog, Pierre de Meuron, Harry Gugger y Christine Binswanger, miembros de una de las firmas más prestigiosas de la arquitectura contemporánea internacional, ganaron el encargo de reestructurar y convertir la central eléctrica de Londres en una sede expositiva totalmente dedicada a las más recientes prácticas artísticas. La central eléctrica de Bankside fue construida entre 1946 y 1963 sobre un diseño de sir Gilbert Scott, también autor de la Battersea Power Station (Central eléctrica de Battersea). Como central estuvo en funcionamiento hasta finales de la década de 1980, que cayó en desuso como gran parte de los edificios de esta zona urbana semiabandonada. En un momento particularmente florido en cuanto a iniciativas artísticas y culturales manifestado en el Londres de la década de 1990, se percibió la necesidad urgente de construir una «casa de arte contemporáneo». Así se localizó en la central de Scott el lugar idóneo para una posible nueva filial de la casa matriz: la Tate Britain. Famosa en todo el mundo como Tate Gallery, nació para albergar obras de arte desde el siglo XVI hasta el arte moderno y adquirió su nombre del benefactor que posibilitó su nacimiento, Henry Tate. El industrial inglés financió la construcción en el Millbank y su apertura se produjo en 1897; el industrial donó su propia colección de arte inglés. Hoy, además de las otras sedes de St. Ives en Liverpool, la Tate Modern, que abrió al público en el 2000, constituye el edificio más moderno y reciente de esta rica y activa red museística inglesa.

El proyecto vencedor del grupo H&deM se distinguió por la gran cualidad de haber operado con un respeto total al edificio preexistente, modificándolo con intervenciones mínimas

58-59 Una de las principales características que distinguen el trabajo de los arquitectos Herzog & de Meuron es la de trabajar en la desmaterialiación del concepto tradicional de arquitectura, construyendo y dando valor al espacio sin utilizar intervenciones invasoras en exceso.

58 abajo y 59 arriba El Café Bar de la Tate Modern se encuentra en el segundo piso, donde también están situados los espacios dedicados a la proyección de películas, seminarios y conferencias, además de una pequeña tienda y el auditorio. El restaurante del último piso, como la exclusiva sala para socios, regalan a los visitantes y clientes una extraordinaria vista panorámica sobre el Támesis, la Catedral de San Pablo y los tejados de la capital británica.

Tate Modern

59 abajo La gigantesca y sugerente escultura-estructura en pvc rojo, titulada Marsyas, realizada por el artista indio Anish Kapoor (nacido en 1954) para los espacios de la Tate Modern en 2002, constituyó el tercer encargo de The Unilever Series.

pero esenciales. Los característicos ladrillos rojos, propios de la arquitectura industrial inglesa, han permanecido como recubrimiento del edificio; éstos ritualizados por la única intervención exterior, la estela luminosa, logotipo de la nueva apariencia y «trait d'union» conceptual con la función pasada, que alberga en su interior el cuerpo adicional que contiene el piso dedicado al restaurante y el dedicado al equipamiento técnico. El interior, totalmente vacio, está caracterizado por el amplísimo espacio de la Turbine Hall, de 35 metros de alto y 152 de largo, que se distingue también por una ligera inclinación del pavimento, convergente hacia el centro. Desde aquí se accede a las galerías que se desarrollan a los lados, marcadas por un espíritu aséptico y neutro según el estilo de la marca H&deM, militante favorecedora de una idea de la arquitec-

Tate Modern

tura casi desmaterializada, en contraste con la espectacular e invasora que arriesga entrar en competición con las mismas obras. La primera serie de muestras de la Tate en la Turbine Hall no han hecho sino subrayar el acabado de un proyecto arquitectónico en grado de crear un espacio adaptado a valorar las multiformes y, a menudo difíciles de acondicionar, producciones artísticas contemporáneas: desde la enorme escultura araña en bronce de Louise Bourgeois expuesta para la apertura en el 2000, hasta los trabajos de Juan Muñoz expuestos en el 2001, las instalaciones sonoras de Bruce Nauman en Raw Materials del 2004, hasta el espectacular y colosal *Marsyas* de Anish Kapoor del 2002 y al fuertemente sugestivo *Weather Project* de Olafur Eliasson del 2003. El espacio de las galerías presenta en cambio características quizá más convencionales desde un punto de vista museográfico, que asimismo subrayan todavía la pertenencia a la tradición deliberadamente neutra del «white cube», que se ha continuado en las grandes muestras, convertidas después en itinerantes, como la particularmente famosa titulada Matisse-Picasso presentada en el 2002.

60 arriba Las galerías y salas expositivas están formadas por paredes móviles que pueden ser desplazadas, modificando así los espacios según las exigencias de los diversos acondicionamientos y las dimensiones y el tipo de las obras a colocar.

60 abajo El artista escocés Douglas Gordon (nacido en 1966) es uno de los representantes actuales en la colección permanente. En esta estructura, alterando una fotografía de James Mason, ha creado el movimiento de un fotograma.

60-61 Uno de los aspectos más interesantes que caracteriza la disposición de la colección permanente, dispuesta sobre una superficie de 14.000 m², es la de no estar ordenada según la típica secuencia cronológica, a favor de una subdivisión temática. En las fotografías vemos, entre otras, obras de René Magritte, Giulio Paolini y Jean Arp.

61 abajo Para el exterior, Herzog y de Meuron han mantenido de forma deliberada el aspecto aparentemente lóbrego de la clásica arquitectura industrial británica de mediados del siglo XX, que contrasta con la luminosidad de los amplísimos espacios internos, donde las obras de arte están completamente libres de expresarse, singular o sinérgicamente.

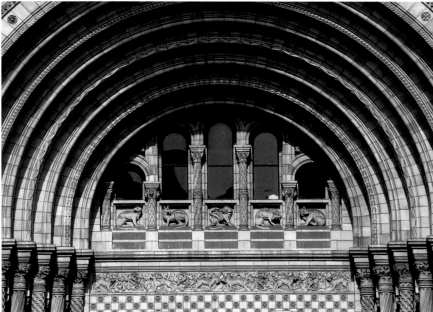

62-63 Para sugerir la importancia del patrimonio naturalista que alberga, el exterior del Natural History Museum se presenta imponente. Los tejados paralelos en declive, bien visibles en la fotografía, señalan cada una de las seis galerías principales en las que se divide el museo.

62 abajo Una serie de cinco baldosas de terracota ejemplifica la inspiración general de los detalles decorativos del museo, concentrada en la representación de las más diversas criaturas del mundo natural, vivientes y fosilizados.

63 arriba Una densa serie de columnas muestra el ingenioso y gradual sistema de disimular la estructura del edificio, en realidad formado por un «esqueleto» de metal recubierto.

63 abajo El revestimiento, rico y ecléctico, en línea con el estilo victoriano tardío, está realizado en buena parte en terracota, material elegido además por su óptima resistencia al húmedo clima londinense (que en el siglo XIX era todavía más brumoso que hoy y más agresivo con las superficies externas).

Natural History Museum

LONDRES, REINO UNIDO

El Natural History de Londres es el más grande e importante museo de historia natural de todo el mundo: sus colecciones recogen más de 70.000 ejemplares de biología y geología, organizadas en el sugerente edificio de Kensington, no lejos de otros dos importantes museos de la capital inglesa, el Museo de la Ciencia y el Victoria & Albert.

La construcción del edificio que lo alberga data de 1881, pero los orígenes del primer núcleo de sus colecciones se remonta a 1753 cuando el científico sir Hans Sloane regaló al país su patrimonio personal, una consistente cantidad de objetos y testimonios naturales reunidos en el transcurso de su vida. La colección estaba formada por casi 80.000 ejemplares, animales y vegetales, un herbario de valor inestimable, y una vastísima librería de textos singulares. Entonces se trataba de la colección privada más grande de Europa, que en un principio fue una de las secciones más importantes del British Museum de Londres, abierto al público en 1759. A la colección de Sloane se añadieron sucesivamente otros ejemplares, muy preciados, como los recogidos durante el viaje del botánico Joseph Banks a Australia en 1768, a bordo del *Endeavour*, en compañía del capitán Cook. El aumento de esta sección del British dedicada a la historia natural hizo cada vez más evidente la necesidad de crear un museo aparte, dedicado exclusivamente a materiales de interés naturalista y científico. Tal idea fue también soportada con fuerza por el entonces responsable de las colecciones de historia natural de British Museum, sir Richard Owen, que preparó un proyecto de propuestas para contemplar las posibilidades de acondicionamiento y ordenamiento de las colecciones. Fue entonces cuando se localizó un edificio en South Kensington cuyo

64 y 65 abajo El Natural History Museum, fastuoso tanto en su interior como en su exterior, irradia un toque de sacralidad, según la mentalidad positivista de *la época en la que fue construido. En las imágenes se observan dos escorzos de la Central Hall, de volúmenes bastantes generosos.*

65 arriba En contraste con las corrientes expositivas racionales empleadas en otros museos, las colecciones del Natural History Museum mantienen un cierto *caos no privado de fascinación. Custodia cerca de 70 millones de objetos, haciéndole el museo de esta temática más rico del mundo.*

Natural History Museum

acondicionamiento se encargó en principio al arquitecto Francis Fowke. A su muerte, en 1865, el proyecto se encargó al arquitecto Alfred Waterhouse de Manchester, a quien debemos la actual disposición del edificio.

Realizado con técnicas constructivas de vanguardia en el periodo victoriano, está formado por una estructura de hierro y acero disimulada tras una intensa sucesión de columnas y arcos ricamente decorados con motivos vegetales y animales, como para reafirmar el contenido y el sentido del museo.

La entrada está situada en el centro de la imponente fachada que denota, como todo el edificio, un ecléctico estilo neogótico renano, y presenta un gran portal central, flanqueado por dos imponentes torres. Por tanto, aquí se trasladaron todas las colecciones de mineralogía e historia natural, que se abrieron al público en 1881 cuando el edificio fue bautizado con la denominación actual de Natural History Museum. Las colecciones comprendían también numerosos testimonios

procedentes de expediciones científicas, como por ejemplo, el viaje alrededor del mundo del Challenger en 1871, la expedición a la Antártida del capitán Scott en 1910, el viaje al cementerio de dinosaurios de Tanganika en 1924-31, y la expedición al Océano Índico realizada por John Murray en la década de 1930.

Muchos coleccionistas y filántropos contribuyeron, sin embargo, a aumentar las colecciones del museo londinense, donando incluso sus propias colecciones. Entre éstas recordamos la contribución del barón Lionel Walter Rotschild, ornitólogo apasionado del coleccionismo y fundador del primer museo zoológico de Tring, en Hertfordshire, quien poseía numerosos ejemplares de mariposas, mamíferos, pájaros y tortugas gigantes conservados con precisas técnicas de taxidermia, además de una bien provista biblioteca de volúmenes científicos. También destacable la colección de Alfred Wallace, un gran científico inglés del siglo XIX.

Rijksmuseum
ÁMSTERDAM, HOLANDA

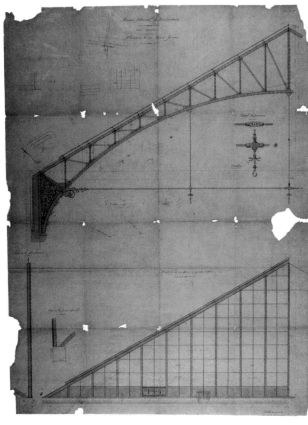

En las salas del Rijksmuseum de Ámsterdam, el más grande y célebre museo de los Países Bajos, es posible admirar una extraordinaria colección de las más importantes del arte neerlandés de todos los tiempos. Su nacimiento no se produjo en la capital neerlandesa sino en La Haya, en la residencia de Hus Ten Bosch, donde las primeras colecciones de obra recogidas por Guillermo V de Orange, el último Stadtholder, fueron expuestas en 1800 bajo el nombre de Galería Nacional de Arte. Se trató de una colección constituida sobre todo por pinturas neerlandesas pertenecientes al Siglo de Oro: el Seiscientos. El momento histórico determinante, en el que se fijó también el nacimiento del Rijksmuseum es el del ingreso de los Países Bajos en el Imperio Napoleónico, en 1805.

El año siguiente es nombrado rey de los Países Bajos Luis Bonaparte, que emprendió una política de ampliación e incentivación de la capital. El rey estaba, de hecho, convencido de la necesidad de realizar proyectos capaces de subrayar la importancia de Ámsterdam como la ciudad más importante del país. Con este fin, Luis Bonaparte manifestó también la firme voluntad de instituir un museo, cuyo nacimiento efectivo fue el 21 de abril de 1808. La sede fue localizada en el municipio, un espléndido palacio del Seiscientos reconvertido en Palacio Real, donde se reunieron y expusieron bajo el nombre de Museo Real las colecciones transferidas desde La Haya. Fue entonces cuando entró en el museo una de sus obras maestras principales: La ronda de noche de Rembrandt (1642). Después de un breve periodo de crisis, debido a la

incorporación de los Países Bajos como provincia francesa, se inició una fase de crecimiento del museo, que conoció así grandes adquisiciones, también debidas al nuevo rey Guillermo I de Orange, quien subió al trono en 1813 y a quien se debe además el nombre actual del museo: Rijksmuseum.

Después de varias vicisitudes, durante las cuales el museo tuvo diversas denominaciones, tuvo lugar un cambio decisivo de sede: en 1817 se trasladó al palacio Trippenhuis del siglo XVII y es incluido en el Gabinete de Grabados ya existente. Sólo muchos años después, en 1885, fue colocado e inaugurado en el edifico que lo alberga hoy. El arquitecto encargado de la proyección, Peter Joseph Hubert Cuypers realizó entre 1875 y 1883 un palacio tradicional en línea con el estilo arquitectónico neerlandés de la época, pero con la ecléctica ane-

xión de combinaciones de elementos de matriz gótica y renacentista. Hubo posteriores modificaciones y ampliaciones, en varias fases, a lo largo del siglo XX.

En lo que refiere a las colecciones, el crecimiento con la llegada de las pinturas neerlandesas más representativas no se produjo sino hasta finales del siglo XIX: del Gremio de Cirujanos llegaron las pinturas utilizadas para las lecciones de anatomía; del museo Van der Hoop provinieron más de 200 pinturas de la escuela flamenca, y gracias a la Fundación Vereening Rembrandt, asociación de admiradores fundada en 1883, fue posible obtener otros importantes lienzos.

En sus colecciones actuales, el Rijksmuseum comprende la extraordinaria sección dedicada a Rembrandt y a la escuela de Delft, donde se pueden admirar 18 obras del gran maestro de la

DUTCH REPUBLIC · Never has the Netherlands been so wealthy and powerful as in the 17th century, the Golden Age. In the Eighty Years' War (1568–1648) the Dutch expelled their Spanish rulers and established an independent state. Unlike most of Europe, the new country was not a kingdom but a republic. Power was in the hands of the burghers. · It was not long before the Republic, of the Seven United Provinces became one of Europe's leading nations, constantly warring with its neighbours. The country grew rich on trade and shipping. Dutch vessels sailed the world's oceans. In the Dutch Republic, products and raw materials from across the world were stocked, processed and distributed. Merchants amassed fortunes and art and culture flourished.

Rijksmuseum

68-69 y 69 En las salas del Rijksmuseum se mezclan esculturas, pinturas, cerámicas y múltiples objetos de artes aplicadas. Uno de los motivos principales de la fama, importancia y prestigio del que goza es, sin embargo, la abundante y representativa presencia de obras del siglo XVII neerlandesas. En las fotografías vemos, por ejemplo, la gran pintura de Franz Hals y Pieter Codde, titulada La Compañía del Capitán, 1637, en una de las salas dedicadas al arte flamenco.

pintura neerlandesa el *Autorretrato con el cabello enmarañado* de 1628 y el *Retrato de Maria Trip* de 1639.

Está además la sección dedicada a la pintura del Seiscientos neerlandés, dedicada a las tres escuelas pictóricas más celebres del Siglo de Oro, que fueron la escuela de Haarlem, la de Ámsterdam y la de Utrecht. La riquísima colección de obras neerlandesas del siglo XV al siglo XIX presenta también pinturas de un arte cercano al flamenco, pero con una mayor presencia de la figura de género, desde las naturalezas muertas de Pietre Claeszoon y Adriaen Coorte, a los paisajes de Van Goyen y Ruysdael, además de los trabajos flamencos de Rubens, Van Dyck y Jan Brueghel. En las otras secciones hay escuelas pictóricas extranjeras, con obras de Francisco de Goya y maestros del arte italiano, como Sandro Botticelli, Jacopo Tintoretto, Veronés y Giambattista Tiepolo. Igualmente extraordinarias son las colecciones de esculturas, cerámicas y artes aplicadas, que contienen casi 45.000 piezas de mayólica de Delft, porcelanas de Meissen y ejemplares de cerámica china, y el gabinete de grabados.

70-71 El Museo de Pérgamo forma parte de la Museuminsel, que a lo largo del siglo XIX reunió en la isla del río Sprea los museos más importantes para la historia de la ciudad de Berlín, ubicados en los edificios proyectados por Friedrich August Stüler.

71 abajo La Segunda Guerra Mundial causó graves daños en los edificios de los museos berlineses. El Pérgamo también fue duramente dañado, tanto que los imponentes trabajos de reestructuración que hubo después permitieron su reapertura en 1954.

Museo de Pérgamo
BERLÍN, ALEMANIA

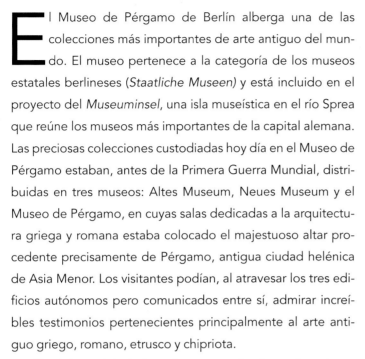

El Museo de Pérgamo de Berlín alberga una de las colecciones más importantes de arte antiguo del mundo. El museo pertenece a la categoría de los museos estatales berlineses (*Staatliche Museen*) y está incluido en el proyecto del *Museuminsel*, una isla museística en el río Sprea que reúne los museos más importantes de la capital alemana. Las preciosas colecciones custodiadas hoy día en el Museo de Pérgamo estaban, antes de la Primera Guerra Mundial, distribuidas en tres museos: Altes Museum, Neues Museum y el Museo de Pérgamo, en cuyas salas dedicadas a la arquitectura griega y romana estaba colocado el majestuoso altar procedente precisamente de Pérgamo, antigua ciudad helénica de Asia Menor. Los visitantes podían, al atravesar los tres edificios autónomos pero comunicados entre sí, admirar increíbles testimonios pertenecientes principalmente al arte antiguo griego, romano, etrusco y chipriota.

El núcleo original de todas estas colecciones fue el que caracterizó el nacimiento del Altes Museum en 1830, sobre un proyecto de Karl Friedrich Schinkel, realizado frente al Lustgarten ante el castillo de Berlín. Las colecciones del mueso provenían de adquisiciones efectuadas por Federico II (1740-1786) y Federico Guillermo II (1786-1797), ubicadas a fines del siglo XVIII en la sede del castillo, y de aquí transferidas posteriormente al edificio de Schinkel. La sala más importante del Altes Museum fue proyectada de forma que recrease una forma de Panteón, con techo en cúpula, inspirado en el de Roma, y en el que se colocaron la esculturas antiguas. Las otras salas de exposición contenían estatuas antiguas griegas y romanas y la bellísima colección de esculturas medievales. En el Antiquarium se exponían objetos de artes aplicadas, vasos, bronces, terracotas y trabajos en piedras duras. La finalidad didáctica del museo fue siempre perseguida con empeño, sobre todo por el arqueólogo Eduard Gerhard quien desarrolló una documentación y catalogación sistemática de los objetos y llevó adelante una política prudente de adquisición con la mira puesta en colmar las lagunas geográficas y cronológicas de las colecciones, entre ellas las de obras etruscas obtenidas directamente de las excavaciones de Vulci y Tarquinia. Cuando el espacio comenzó a resultar insuficiente, el arquitecto Friedrich

August Stüler fue encargado de construir un segundo edificio, denominado Neues Museum (Museo nuevo), levantado entre 1843 y 1855, en el que se expuso la galería de calcos y una galería de numerosos objetos de la época egipcia. Otra sede fue instituida en el edificio de la Kupfergraben, proyectado por Alfred Messel y realizado por Ludwig Hoffmann, donde se colocó la sección dedicada a las arquitecturas antiguas, griegas, romanas y de Asia Menor, además de contener reconstrucciones muy fieles con objetivos didácticos. Este último núcleo fue el que se convertirá en el Museo de Pérgamo, que contenía la obra más preciada y famosa: el altar de Pérgamo, que es el altar monumental griego más importante jamás encontrado, y del cual está reconstruido el lado oeste en el sala central. Se trata de un importante altar totalmente construido en mármol, que data entre el 164 y el 156 a.C., del que se conserva el extraordinario friso de más de dos metros de alto, la larga escalinata de alrededor de 20 metros y la serie de columnas jónicas que sustentan la cornisa en la que están representados dioses, grifones y caballos, con otras 100 figuras representadas en lotes dramáticos. Además del altar de Pérgamo también provienen los propileos del santuario de Atenea y las columnas del templo de Atenea en Priene. Otra importantísima arquitectura que es posible admirar en el museo es la

---

71 arriba Los trabajos de edificación del Museo de Pérgamo, de Berlín, que vemos aquí en construcción en 1914, empezaron alrededor de 1910. Dirigidos por Alfred Mesel y Ludwig Hoffmann, los trabajos terminaron en 1930.

71 abajo El Museo de Pérgamo tiene una estructura en tres alas: las dos primeras en realizarse se inspiraron en los templos clásicos, mientras que el bloque central, nacido para albergar el «Altar de Pérgamo», presenta una forma más austera.

72-73 La famosa puerta de Ishtar, que se remonta al siglo IV a.C. y procede de Babilonia, fue parcialmente reconstruida en la parte del museo dedicada a Oriente Próximo.

73 arriba La puerta del antiguo mercado romano de la ciudad de Mileto constituye una de las numerosas reconstrucciones arquitectónicas que hacen a este museo único en el mundo.

73 abajo El grandioso altar de Zeus (164-156 a.C.) fue encontrado cerca de la colina de Mileto, en Asia Menor, entre los años 1878 y 1886, en la célebre campaña de excavación

promovida por los museos de Berlín, y dirigida por el arqueólogo Karl Humann; su transporte a la capital alemana hizo necesaria la construcción de un espacio adecuado.

del portal de la plaza del mercado de Mileto, de la época adrianea. Durante la Segunda Guerra Mundial los tres museos sufrieron grandes daños; algunas colecciones del edificio de Stüler fueron trasladadas a un ala del Museo de Pérgamo, encontrando un acondicionamiento idóneo sólo tiempo después, gracias a los trabajos de restauración llevados a cabo en la décda de 1980.

En el museo de Pérgamo convive también el núcleo entero dedicado a Asia Menor. Esta sección, creada en 1899, nació como museo autónomo. Sólo en 1926 las colecciones entraron a formar parte del Pérgamo, donde gracias a dona-

ciones, adquisiciones y excavaciones –entre ellas las importantísimas realizadas en Babilonia y Assur– permitieron un enorme aumento de dimensiones y prestigio. Uno de los pasajes más importantes de esta parte del museo es el dedicado a la reconstrucción parcial de la calle procesional de Babilonia, que en el siglo VI se presentaba como una especie de corredor de más de 200 metros de largo. Además del altar, en el museo es posible admirar otras notables arquitecturas griegas procedentes de Asia Menor (Priene, Magnesia, Chipre) y del mundo helénico en general, como por ejemplo el portal de la plaza de Mileto de época adrianea.

74 arriba La alternancia de llenos y vacíos, que se forma entre las líneas fragmentarias por las que se articula la estructura del Museo Judío de Berlín, crea una serie de intersticios en los que la importancia de los espacios vacíos es remarcada por Libeskind como evocador y eficaz símbolo de ausencia.

Museo Judío

BERLÍN, ALEMANIA

74 centro y 75 El museo, cuya construcción fue terminada en 1998, está enteramente revestido de hojas metálicas de medida modular, unidas según una evolución ascendente en la que se atisban los cortes visibles que rasgan las paredes y que crean alrededor de 1500 «ventanas» de formas irregulares, distintas unas de las otras.

74 abajo El arquitecto Daniel Libeskind proyectó la planta del edificio partiendo de la forma de la estrella de David descompuesta. La forma despedazada del hexágono da lugar a un edificio de estructura deliberadamente angulosa, cuyas continuas referencias simbólicas crean una conexión constante entre la arquitectura y el contenido.

En la ciudad de Berlín han surgido recientemente algunos memoriales importantes dedicados a la conmemoración del Holocausto, entre ellos el Museo Judío de Daniel Libeskind y el Monumento Memorial de los Judíos asesinados en Europa, de Peter Eisenman.

El arquitecto Daniel Libeskind debe su fama internacional al encargo, obtenido en 2003, como vencedor de un prestigioso concurso para el rediseño de otro importante «El lugar de la memoria», situado en el corazón de Nueva York: la llamada «Zona Cero», el espacio que la caída de las torres gemelas ha dejado vacío. Su proyecto arquitectónico más notable sigue siendo, sin embargo, el Museo Judío de Berlín, realizado entre 1998-1999, e inaugurado en 2001.

El proyecto de Libeskind resultó vencedor quizá porque no se basó en idear un edificio funcionalizado sólo en la exposición sino que es imaginado y proyectado propiamente como si se tratase de una gran escultura símbolo. El museo se encuentra en la Lindenstrasse, y su estructura deliberadamente angulosa deja el espacio, también el circundante, desorientador e irregular. Una de sus partes más interesantes y sugerentes es el jardín enterrado de Eta Hoffman, cuya forma cuadrada se levanta de un alto muro de cemento armado. Cuarenta y nueve peldaños de base cuadra-

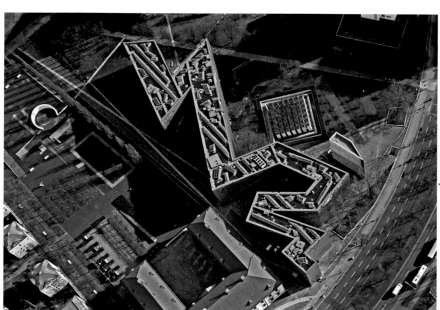

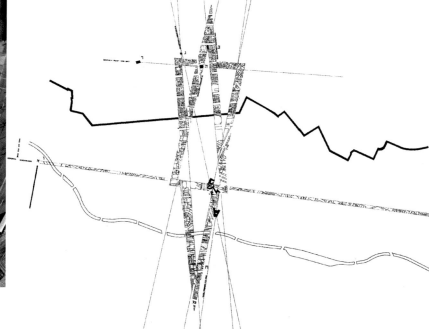

76-77 En el interior del museo se presenta una nueva superficie expositiva de más de 10.000 m². Las salas y corredores en los que se albergan las distintas secciones envuelven al visitante en una experiencia sensible.

76 abajo Las salas del museo albergan colecciones permanentes y muestras temporales, dedicadas sobre todo a profundizar en la historia bimilenaria de la comunidad judía alemana. En la exposición hay objetos personales, fotografías, documentos y cartas que cuentan la historia de algunos componentes de la comunidad, y también objetos y obras de arte que permiten comprender más a fondo la inmensa cultura judía.

77 La colección permanente se divide en 14 secciones temáticas, que recorren la historia de la cultura judía en Alemania a partir del Edicto de Constantino y a través de la época medieval.

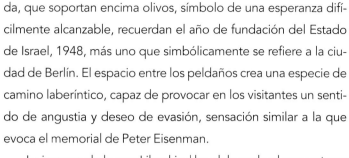

da, que soportan encima olivos, símbolo de una esperanza difícilmente alcanzable, recuerdan el año de fundación del Estado de Israel, 1948, más uno que simbólicamente se refiere a la ciudad de Berlín. El espacio entre los peldaños crea una especie de camino laberíntico, capaz de provocar en los visitantes un sentido de angustia y deseo de evasión, sensación similar a la que evoca el memorial de Peter Eisenman.

La imagen de la que Libeskind ha elaborado el proyecto es la de un rayo, una línea en zigzag, forma irregular que la planta del museo retoma y de la que se marcan también las paredes. Tal diseño gráfico es doblemente simbólico: en parte se deriva de una deconstrucción y reelaboración de la estrella de David, y en parte es síntoma de laceración y corte, como metáfora de un momento histórico extremadamente doloroso. El ingreso al

desde el exterior, es la presencia de la torre conmemorativa del Holocausto, definida por Libeskind como «el vacío del vacío», esto es, la ausencia, el vacío dramático provocado por la muerte de millones de seres humanos, también retomado conceptualmente en una serie de salas deliberadamente dejadas vacías.

Para alcanzar la torre es necesario seguir un recorrido señalizado por un muro y un camino de color negro, usado como metáfora de la pérdida de la razón, de luz, que ha hecho posible tal abominación y aniquilación de la humanidad entera. La sensación de opresión causada por la luz que se filtra de las paredes sólo a través de los cortes, esas heridas angulosas, crea una atmósfera de extrañamiento y de alteración en la que el visitante no alcanza a mirar al exterior, terminando por sen-

museo no aparece desde el exterior, sino que para acceder, el visitante debe atravesar primero el viejo museo, Kollegienhaus, edificio del siglo VII reconstruido en la década de 1960 como Museo Cívico Judío. Una vez que se ha entrado desde aquí, a los visitantes se les presentan tres recorridos posibles, símbolo de los tres destinos posibles del pueblo judío. Uno, el del Holocausto, cruza el camino que conduce al jardín, símbolo del exilio; y el que acompaña a la escalera, símbolo de la continuidad y la esperanza del pueblo entero. El Holocausto por tanto es presentado como momento dramático que une a cada judío, incluso al que no lo ha vivido físicamente. Otro elemento fuertemente simbólico, que despierta un fuerte impacto incluso

tirse casi sofocado e inquieto en el espacio del museo. Las salas de exposición están distribuidas en tres niveles, y también son ricas en elementos arquitectónicos de valor simbólico que dramatizan deliberadamente el espacio, como por ejemplo la pavimentación que semeja los raíles ferroviarios en alusión inmediatamente evocadora de las deportaciones en masa.

Expuestas en las secciones permanentes del museo se encuentran documentos y testimonios que cuentan la tragedia del Holocausto: fotografías, objetos personales, documentos, objetos ceremoniales, esculturas o pinturas que narran no sólo el genocidio acaecido en los campos de concentración, sino también la antigua cultura judía con sus usos y costumbres.

78-79 La arquitectura desestructurada del Design Museum es uno de los aspectos que caracterizan el parque arquitectónico Vitra de Weill am Rhein, una atracción irrenunciable para quien se interesa por la arquitectura. Obra de uno de los máximos exponentes de la arquitectura contemporánea, el californiano Frank O. Gehry, el edificio fue su primera obra europea.

79 Sorprendentes superposiciones de volúmenes y de contornos dan un carácter bastante expresionista a la realización del arquitecto californiano, que data de 1989.

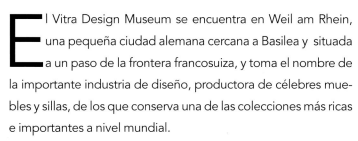

Vitra Design Museum
WEIL AM RHEIN, ALEMANIA

El Vitra Design Museum se encuentra en Weil am Rhein, una pequeña ciudad alemana cercana a Basilea y situada a un paso de la frontera francosuiza, y toma el nombre de la importante industria de diseño, productora de célebres muebles y sillas, de los que conserva una de las colecciones más ricas e importantes a nivel mundial.

El museo anuncia su presencia con la monumental escultura Balancing Tools, enormes utensilios de trabajo de Claes Oldenburg y Coosje van Bruggen y con el cuerpo central del conjunto de los edificios (todos firmados por importantes nombres de la arquitectura contemporánea internacional), obra de Frank O. Gehry. Alrededor de esto, los otros cuerpos del complejo de la fábrica de Vitra, firmados por Antonio Citterio, Nicholas Grimshaw y Álvaro Siza, el parque contra incendios de bomberos de Zaha Hadid, y el pabellón de conferencias de Tadao Ando. La idea de inicio, que surgió en 1981 cuando fue llamado Grimshaw para suplir la necesidad de construir una nueva fábrica, dado que la precedente fue destruida por un terrible incendio, fue la de crear una «identidad colectiva» de arquitectura,

Vitra Design Museum

80 y 80-81 Conmemoración definitiva del diseño, siendo él mismo un conceptualismo producido y un contenedor por excelencia, el museo sumerge a los visitantes (en continuo aumento – 80.000 en el 2005– de modo que se prevé una próxima ampliación del edificio) en un emocionante recorrido a través de la creatividad contemporánea. La compañía Vitra, productora de elementos y objetos de decoración proyectados por importantes diseñadores, promovió la creación del museo en 1989, como institución cultural independiente de la compañía.

obtenida a través de la presencia, en un mismo lugar, de más edificios en posición de testimoniar y ofrecer al público una reseña de los más dispares lenguajes de la arquitectura contemporánea. Después de la realización del proyecto de Grimshaw, fue por tanto el momento de inaugurar, en noviembre de 1989, el cuerpo nacido para albergar el museo de la producción Vitra, el Vitra Design Museum, el primero de los edificios proyectados por Frank O. Gehry en Europa, que anticipa la fuerza escultural y las peculiaridades plásticas del más tardío y célebre Guggenheim de Bilbao. Por primera vez en Europa, Gehry realiza un

cuerpo arquitectónico a través del conjunto de formas geométricas que parecen estallar en el espacio de modo inorgánico, basado en un contraste de las partes más que en una relación armoniosa, creando aquella especie de «movimiento congelado», como lo ha definido el mismo Gehry, que se ha convertido en la peculiaridad constante de su trabajo.

La multiforme plasticidad del museo viene dada por el conjunto de rampas, torres y volúmenes cubiformes que ofrecen, en el interior, alrededor de 700 m² para la exposición de colecciones permanentes y muestras temporales, dedicados a la historia del

diseño y la decoración más innovadora y cautivadora. Resulta chocante la relación con el cercano pabellón de las conferencias del nipón Tadao Ondo, en el que la antiespectacularidad y la relación con la naturaleza conduce sobre la vía del minimalismo oriental, o con el parque de bomberos de Zaha Hadid, que como una hoja cortante se insinúa en el espacio creando la sensación de vértigo e inestabilidad típica de la búsqueda del «movimiento» que la une a las búsquedas de Frank O. Gehry y a todos los arquitectos que se han identificado como los protagonistas de la arquitectura deconstructivista. El deconstructi-

vismo es uno de los fenómenos más relevantes de la contemporaneidad, que se manifiesta mediante una contrastante relación entre las diversas, y a veces aparentemente incongruentes, partes de un edificio, y una evidente vulnerabilidad de arquitecturas casi nunca lineales ni estáticas, porque están motivadas por un interés más que por una búsqueda de un orden lineal. En el interior de la poética deconstructivista que ha caracterizado el siglo XX se consideran, además de Hadid y Gehry, a arquitectos como Peter Eisenman, Bernard Tschumi, Daniel Libeskind y el grupo Coop Himmelblau.

82-83 La vista nocturna del Museo Mercedes-Benz resalta el juego estético derivado de la alternancia de espacios llenos y vacíos.

82 abajo Del boceto realizado para la proyección del museo, firmada por el arquitecto Ben Van Berkel del UN Studio recoge la característica principal del edificio, cuyos niveles expositivos están constituidos por galerías ligeramente inclinadas, formadas por una doble espiral replegada sobre sí misma en el espacio.

83 arriba Para la fase de proyección, Van Berkel ha utilizado un software digital con el que ha reelaborado la forma de la doble espiral helicoidal que representa el logotipo de la casa automovilística alemana.

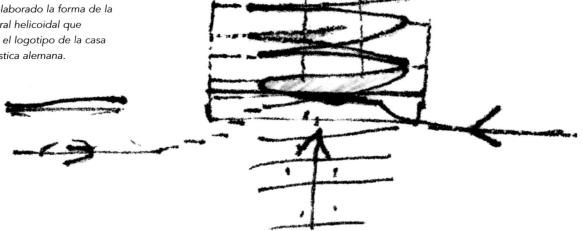

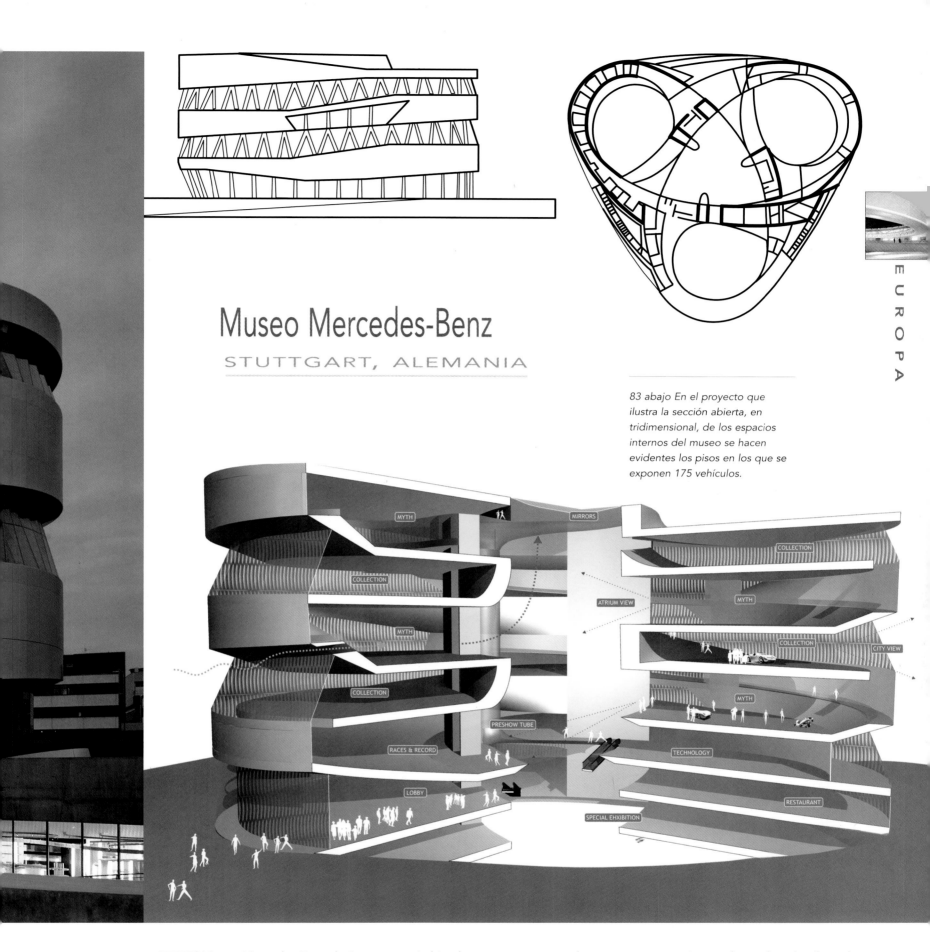

Museo Mercedes-Benz
STUTTGART, ALEMANIA

83 abajo En el proyecto que ilustra la sección abierta, en tridimensional, de los espacios internos del museo se hacen evidentes los pisos en los que se exponen 175 vehículos.

El Museo Mercedes-Benz de Stuttgart está ubicado en un edificio imponente e innovador, construido para albergar la colección de la casa automovilística más antigua del mundo, que antes se ubicaba en la histórica sede del Classic Centre en Fellbach. El museo intenta ser hoy un templo de la tecnología más avanzada, capaz de acoger visitantes de todo el mundo, y su espectacular impacto es impulsado por el color plata, símbolo de los coches de carreras de la casa alemana.

Para construir el museo, Ben Van Berkel arquitecto del UN Estudio vencedor del concurso, utilizó un sistema de proyección digitalizado, que le permitió plasmar la forma del edificio como si se tratase de una escultura. Van Berkel, gran amante de Bernini y Borromini, quiso de hecho crear una suerte de

estructura barroca contemporánea trabajando sobre la reelaboración de una forma a doble espiral, derivada del célebre símbolo de la marca Mercedes.

Después de tres años de trabajo, el edificio se inauguró en mayo de 2006. El museo se encuentra en el barrio de la Mercedes en Stuttgart, y está conectado por un túnel subterráneo a la inmensa sala de exposiciones donde están expuestos todos los modelos de la famosa casa automovilística. A la originalidad del proyecto se une la complejidad del contexto en el que está inmerso, impulsado también por la presencia cercana de la autopista. Los visitantes, una vez que han entrado, se encuentran en el amplio y majestuoso atrio del que son invitados a subir, por un ascensor, hasta el último de los tres pisos, desde

84 arriba a la izquierda Los espacios del Museo Mercedes-Benz de Stuttgart fueron estudiados para crear una sugerente combinación de pisos en los que se distribuye, en varios niveles, ambientes expositivos dotados de rampas particulares elevadas para la exhibición de automóviles.

Museo Mercedes-Benz

84 Debajo de las rampas que presentan los automóviles más conocidos y legendarios, se pasa a los ambientes más amplios y luminosos donde es posible admirar, divididos por épocas, los coches de turismo privado, además de los públicos, como autobuses, ambulancias, vehículos militares e industriales.

85 El Media Ring es la galería semiabierta en anillo en la que se encuentra la exposición de las «leyendas» de la Mercedes Benz, con sus vehículos más célebres.

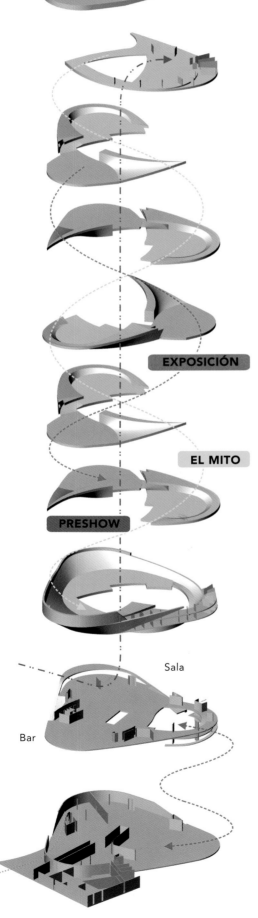

EXPOSICIÓN

EL MITO

PRESHOW

Sala

Bar

donde es posible comenzar a contemplar las exposiciones descendiendo por varios niveles ligeramente inclinados. El recorrido, que se extiende a lo largo de 16.000 m² y en el que se pueden admirar más de 160 vehículos, presenta dos posibles filones temáticos: uno está dedicado al «Mito», a la leyenda Mercedes, y contiene en sus exposiciones los automóviles más célebres, ya sea por modelo o porque han pertenecido a estrellas internacionales, como el de Sofía Loren, Lady Diana o Ringo Starr, o de importantes personajes políticos como los coches del emperador de Alemania Guillermo II o el del emperador del Japón Hiro-Hito. El otro recorrido está, por el contrario, dedicado a las «Colecciones» de vehículos, ordenados por los 120 años de historia de la marca y presentados en orden cronológico. Los dos recorridos son autónomos, pero están conectados entre sí, de modo que el visitante pueda, según su deseo, pasar del uno al otro. Al final de ambos se encuentra la sección titulada «Flechas

86 Con gran coherencia y lógica, los arquitectos del UN Studio decidieron que el color dominante, incluso en los espacios internos del museo, fuera el color plata, naturalmente por su valor simbólico y evocador, porque es el reclamo directo al color de algunos coches de carreras históricos de la empresa alemana.

87 arriba El museo muestra una sorprendente asociación entre racionalismo de marca industrial y barroquismo, según el intento del arquitecto Ben Van Berkel, estimador de ilustres predecesores como Gianlorenzo Bernini.

Museo Mercedes-Benz

87 centro y abajo Historia, diseño avanzado y tecnología, que encuentra en la innovación su razón de ser, son tres elementos representativos tanto del museo como de la misma Mercedes, y la arquitectura de Van Berkel los ha interpretado con maestría. Más de un siglo de evolución conceptual se materializa en las estructuras y recorridos del museo, dejando a los automóviles la única tarea de ser intérpretes del mito Mercedes.

87 abajo La estructura plástica y sinuosa crea espacios internos de las paredes irregulares e inclinadas. Las cristaleras jalonadas de módulos en acero permiten ver los espacios de la zona industrial de Stuttgart en la que está situado el museo. En la planta baja se encuentra el bar cafetería, también estructurado en anillo desde donde, a través de las escaleras se llega a las exposiciones.

de plata» en la que se exponen los más célebres ejemplares de competición deportiva. En está sección es posible, por tanto, admirar alrededor de una treintena de coches protagonistas de las carreras automovilísticas históricas, recientes y actuales que han enfervorecido y continúan apasionando a los aficionados.

La diferencia entre los dos recorridos es remarcada, además, por acertadas elecciones museográficas: la sección del «Mito» está iluminada con luces artificiales, para dar un efecto más teatral y escenográfico a la exposición, mientras que la otra sección dispone de una iluminación de amplios ventanales panorámicos, que se derivan del juego de secuencias de espacios abiertos y cerrados perceptibles también desde el exterior. Otra parte relevante de la exposición es la que narra a los visitantes los interesantes aspectos técnicos que se ocultan «entre bastidores»: en la sección «la fascinación de la técnica» encontramos cómo se nos muestra el trabajo y la continua investigación de proyectistas e ingenieros de la Mercedes-Benz. La atención se despierta aquí, no sólo porque ofrezca una explicación didáctica de la evolución tecnológica en la producción de automóviles desde el pasado, sino también porque ofrece sugerencias y se anticipa a aquellas que pudieran ser las innovaciones que, gracias a las tecnologías más avanzadas, caracterizarán a los automóviles del futuro.

Además de la galería de los automóviles de las personalidades, destacan también las galerías divididas según los tipos de uso: coches de turismo, autobuses, ambulancias y vehículos industriales.

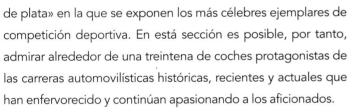

Kunsthistorisches Museum

VIENA, AUSTRIA

El Kunsthistorisches Museum de Viena tiene su sede en un edificio neoclásico construido por la voluntad del emperador Francisco José I a lo largo de la Ringstrasse, las más prestigiosa calle de Viena.

El primer hito de su trepidante historia lo marca el momento en el que, en el siglo XIV, además de la anexión del Tirol por parte del duque de Austria Rodolfo IV, entraron a formar parte del patrimonio de los Habsburgo algunos objetos de arte medieval; a fines del siglo XVI este primer núcleo se verá ampliado por el emperador Maximiliano II, particularmente apasionado por el arte y el coleccionismo. En 1567 estas primeras colecciones son ordenadas por Fernando II en el castillo de Ambras, cerca de Innsbruck, junto con colecciones de armaduras, pinturas y una verdadera y propia «Kunst-

siglo XVII una de las más importantes colecciones de pintura que hayan existido jamás, que comprendía no sólo las escuelas de pintura de los Países Bajos sino también la escuela alemana y la italiana, en la que destaca la colección adquirida en bloque de pintores venecianos del siglo XVI. Cuando Leopoldo finalizó su mandato de gobernador, se trasladó a Viena, llevando consigo todo su patrimonio que acondicionó en el castillo imperial de Hofsburg. El heredero al trono imperial, Leopoldo Guillermo, que pasó a la historia como el emperador Leopoldo I, también fue un amante de las artes pero su modo de entender el coleccionismo fue debido sobre todo a sus necesidades sociales y de rango. La galería se unió, en el siglo XVIII, con otras colecciones del viejo patrimonio imperial y se ubicó en el Stallburg. Carlos VI pese a no ser un gran

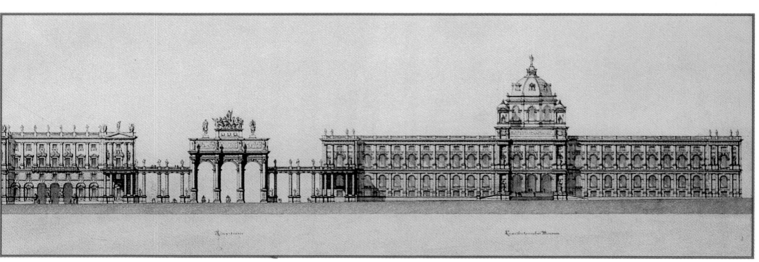

kammer», (habitación rica en maravillas y naturalia). El emperador, ya en la segunda mitad del siglo XVI, había recopilado en su residencia de Praga un extraordinario patrimonio artístico, que comprendía obras de Durero, Correggio, Bruegel y también una preciosa colección de arte decorativo y antigüedades. Su colección también tenía la impronta típica de la Wunderkammer, en la que había también objetos naturales, artificiales y curiosidades de todos los géneros. Su gran interés coleccionista le había empujado a perseguir con terquedad cualquier objeto que fuera de su interés, y si bien tal preciosa colección no hacía sino aumentar su prestigio, Fernando II estaba movido por un profundo y sincero interés por las artes y la cultura. El paso de las colecciones a la pinacoteca se produce gracias al archiduque Leopoldo Guillermo, hijo de Fernando II y hermano del emperador Fernando III, gobernador de los Países Bajos; el archiduque, amante del arte y gran coleccionista de pinturas, logró reunir en el transcurso del

conocedor del arte, hizo que el acondicionamiento fuese lo más pomposo y conmemorativo posible según un gusto típicamente barroco, en un intento de mostrar al máximo el poder y el prestigio real a los pocos y selectos huéspedes que tuvieron el honor de visitar la colección.

Una fase importante para la pinacoteca fue la que marcó el emperador José II quien hizo trasladar todos los cuadros imperiales al Castillo de Belvedere, donde fueron reordenados según criterios cronológicos que reflejaban un intento de investigación y encuadramiento histórico-artístico de sus contenidos. Además, fue promotor de otro cambio fundamental: en 1781 finalmente se decidió su apertura al público, y por primera vez las colecciones fueron consideradas en clave educativa y divulgativa en vez de simplemente privadas y conmemorativas del poder imperial. Durante las guerras napoleónicas, las obras se transfirieron a Viena, por temor a los saqueos, para después ser nuevamente disfrutables entre 1814 y 1815. Hacia la mitad del siglo

88 En el proyecto original, junto al ala izquierda del Kunsthistorisches Museum se encontraba la Biblioteca Imperial, mientras el complejo entero está unido al

edificio por una serie de arcadas, que aportaban un aspecto clásico, que llevaban al Ring y unían el museo con el Palacio Imperial.

88-89 La fachada principal del Kunsthistorisches Museum de Viena, encarada hacia el Ring, está situada de forma especular frente al edificio gemelo del

Naturhistorisches, el Museo de Historia Natural. El edificio del museo fue levantado entre 1871 y 1891 por deseo de Francisco José de Austria.

89 abajo El techado donde se encuentra la escalinata de honor está dominado por un fresco de grandes dimensiones, que representa la apoteosis del Renacimiento, obra del artista Mihaly Von Muckácsy. Para realizarlo el pintor elaboró alrededor de 150 diseños.

90 *La fastuosa escalinata de honor que acoge a los visitantes en la entrada, ricamente adornada con mármoles preciosos, emplastes y pinturas en las lunetas y entre las columnas, presenta en el descansillo intermedio el grupo de Antonio Canova Teseo y el Centauro.*

91 *El salón, en forma octogonal que precede a la escalinata de honor, está dominado por una amplia cúpula decorada con relieves y medallones dedicados a conmemorar los más importantes coleccionistas de la familia Habsburgo. Los materiales preciosos con los que está*

recubierto, como mármoles blancos y negros que se reflejan además en las decoraciones del pavimento, dominan un espacio sólo parcialmente iluminado gracias a una apertura circular, que desvela posteriormente su función simbólica de Panteón del Arte.

Kunsthistorisches Museum

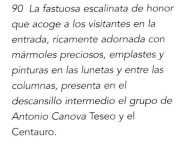

XIX, bajo Francisco José I, el modo de concebir y valorizar la pinacoteca sufrió un nuevo giro: el emperador pretendió que coordinasen la pinacoteca los eruditos de la historia del arte, encargados también de desarrollar nuevos trabajos de investigación en varios sectores representados por las colecciones. Además se construyó, en 1891, un nuevo edificio, extremadamente ostentoso y pensado deliberadamente para albergar las nuevas colecciones, a la vez que se erigió su edificio «gemelo», destinado a convertirse en la sede del Museo de Historia Natural. El Museo se inauguró el 17 de octubre de 1891 con una ceremonia oficial en presencia del Emperador. Con el fin de la Primera Guerra Mundial y la caída de la monarquía, la pinacoteca se convierte en propiedad del Estado, y desde entonces el museo, con el paso de los años, supo convertirse en un lugar accesible para todos y al servicio de la comunidad. En la década de 1930 fueron necesarios trabajos de acondicionamiento y reordenación, debidos también al desarrollo de la metodología histórico-artística que influyó en las hipótesis de acondicionamiento y poco a poco se constituyó un recorrido expositivo en el que las individualidades artísticas perdieron importancia en

favor de una atención global a todas las obras, renunciando a las divisiones jerárquicas entre los autores considerados «mayores» y «menores».

Aunque algunas colecciones se salvaron enterradas en las salinas de Altausee, la Segunda Guerra Mundial provocó daños tremendos a la estructura del museo, hasta el punto de impedir en la posguerra una recolocación de las obras, y a obligar al museo a promover muestras temporales itinerantes en toda Europa, mientras que en el *Kunsthistorisches* se efectuaron trabajos de restauración que terminaron en la década de 1950. Las obras maestras que caracterizan al *Kunsthistorisches* son realmente innumerables, pero por citar sólo algunas, recordemos *La Crucifixión* de Roger van der Weyden, el *San Sebastián* de Andrea Mantegna, el *Tríptico* de Hans Memling, la *Madonna del prado* de Rafael, los *Tres Filósofos* y el retrato *Laura* de Giorgione, *Retrato de un joven* de Lorenzo Lotto, el *Autorretrato* de Parmigianino, la *Saliera* de Benvenuto Cellini, *Susana y los viejos* de Tintoretto, la *Torre de Babel* de Peter Bruegel, y también obras maestras de Veronés, Ticiano, Correggio, Guercino, Rubens y Poussin.

Veuë du Palais Royal

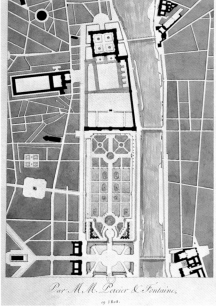

Par M.M. Percier & Fontaine.

Museo del Louvre

PARÍS, FRANCIA

La historia arquitectónica del Palacio del Louvre, bastante más larga que la del Louvre como museo, se inicia en el siglo XII, cuando el rey Felipe Augusto hizo construir una fortaleza a lo largo de lo que, en la época, era el límite occidental de París. El complejo comenzó a asumir el aspecto de un verdadero palacio entre los siglos XIV y XVII, por deseo de tres de los más influyentes soberanos de la historia de Francia: Carlos V, Francisco I (que hizo olvidar su aspecto medieval) y Enrique IV

(que hizo construir la grandiosa galería a lo largo del Sena, entre el mismo Louvre y el palacio de las Tullerías). El palacio, que creció desmedidamente a lo largo de los siglos, sufrió otra ampliación por deseo de Napoleón III, que hizo construir el ala Richelieu, espectacular respecto a la galería a lo largo del Sena. En este punto, el Louvre formaba un enorme complejo simétrico con el palacio de las Tullerías, pero en 1871, tras la caída desastrosa del Imperio, éste último fue demolido. Sin embargo, las colecciones de arte sobrevivieron a la tempestad, y así hoy el Louvre es uno de los museos más importantes del mundo, no sólo por la riqueza y la grandeza de las colecciones, sino también porque es un protagonista fundamental de la historia mis-

ma de la institución museística, en su acepción moderna, como instrumento de conservación y divulgación cultural. En cuanto a la intención de transformar el palacio que contenía las colecciones reales en un museo abierto a todos, fue objeto de un largo debate mantenido ya en los últimos años del *Ancient Regime* bajo Luis XVI, y el Louvre abrió las puertas al público el 10 de agosto de 1793, es decir en el primer aniversario de la República, y como símbolo de las conquistas revolucionarias, nació con la intención de convertirse en un instrumento democrático de instrucción y conocimiento a disposición de todos y cada uno de los ciudadanos.

En 1974 se instituyó el comité directivo Conservatoire para acordar modalidades y selecciones de las colecciones a exponer, de manera que se respetasen los principios revolucionarios, y además se decide guardar en el almacén las obras consideradas «inoportunas» por aquel clima cultural. En 1799 se pasa de la denominación de Musée Français (Museo Francés) a Musée Central des arts para ser rebautizado en 1803 como Musée Napoléon. En 1806 fue el mismo Napoleón quien encargó extender un ala a los arquitectos Percier y Fontaine, el ala norte junto a la Rue de Rivoli, en la línea de ampliar bien el edificio o la colección. La época napoleónica fue determinante para la consolidación de las colecciones; en este período al igual que otros importantes museos europeos, el Louvre se enriqueció gracias al botín de las tropas napoleónicas, consiguiendo numerosas obras maestras. Durante la Restauración, habiendo sido obligado a restituir muchas de estas obras, se inició una campaña de adquisición con la intención de constituir colecciones representativas del arte de todas las épocas y géneros.

Así, la tipología de las colecciones siempre trató de colmar las lagunas de periodos antes no representados, como la antigüedad grecorromana, etrusca y del antiguo oriente. Napoleón III encargó primero al arquitecto Louis Visconti y, después al arquitecto Hector Lefue, ampliar los espacios del

92 arriba a la izquierda En este grabado del siglo XIX está representado el majestuoso Palacio Real que, desde 1793, abrirá sus puertas al público convirtiéndose en museo. La construcción de la histórica sede de los reyes de Francia, inicialmente proyectada con las características propias de una fortaleza, comenzó en el siglo XII.

92 arriba a la derecha El proyecto para la unión del Louvre con las Tullerías, la Galería Napoleón, por la Rue de Rivoli, fue realizado entre 1802 y 1812 por los arquitectos Charles Percier (1764-1838) y Pierre-François-Léonard Fontaine (1762-1853), encargados directamente por Napoleón.

92 abajo y 92-93 El complejo del Louvre, en ocho siglos de historia, se ha extendido ampliando los espacios de la orilla derecha del Sena. Desde el medievo a la época moderna se aportaron numerosas transformaciones decorativas y arquitectónicas, que testimonian su evolución estratificada, si bien mantiene la unidad de la estructura de construcción.

93 abajo Igual que sucedía con las Pirámides de Egipto, la Pirámide del Louvre en el interior de la Cour Napoleon, está coronada por tres monumentos satélite. Además las dimensiones de la estructura central son proporcionales a las de la Gran Pirámide de Giza. Tras debates, su construcción tuvo un profundo impacto en el público, sobre todo el de París.

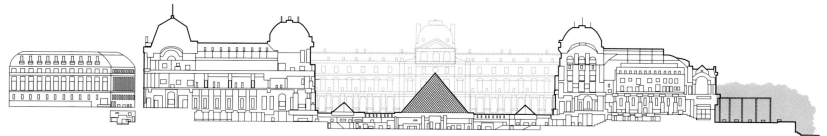

Museo del Louvre

Palacio, incluso demoliendo el barrio que separaba dos alas, donde nació el «nuevo patio Napoleón». Después del incendio de 1871 (que supuso la destrucción del palacio contiguo de las Tullerías) comenzaron importantes trabajos de reorganización que duraron hasta 1882. En 1948 hubo algunos intercambios de colecciones arqueológicas con el recién nacido Museo Guimet, del que el Louvre recibió importantes testimonios de arte egipcio. Pero la fase más decisiva para la historia moderna del Louvre se produce en la década de 1980, con el comienzo de los trabajos que han llevado al nacimiento del Grand Louvre. Este último era parte de los proyectos que tenía para París el presidente de la república François Mitterrand (también la nueva Biblioteca Nacional de Francia, la Opera Bastille y el gran arco en la Défense).

Símbolo de esta fase de ampliación y modernización del museo es la famosa nueva entrada, caracterizada por la pirámide proyectada por el arquitecto Ieoh Ming Pei, colocada en el centro del Cour Napoleon y rodeada de imponentes fuentes. A la apertura de la pirámide, en 1989, siguió la del ala Richelieu, en 1993 y en 1997 el Louvre reabrió sus puertas al público con 10.000 metros cuadrados más de salas, situadas en las partes más antiguas del edificio, junto al Sena (ala Denon) y alrededor del patio cuadrado (ala Sully). En 1999 se añadieron a los espacios expositivos otros 5.000 m².

94-95 La entrada del Louvre, dominado por la pirámide de I.M. Pei, de 21 m de alta, realizada en cristal y sostenida por una estructura de acero, se apoya en una base de granito negro de Bretaña. El nuevo acceso fue realizado durante la fase de los trabajos llamados del «Gran Louvre».

94 abajo La redistribución de los espacios durante el proyecto Grand Louvre fue discutida en 1984 en el seminario de Archachon. Los trabajos fueron divididos en dos fases, la primera de las cuales, terminada en 1989, concernía a la Cour Napoleon, la construcción de la Pirámide de entrada al piso bajo y el jardín del Carrusel.

95 De la pirámide acristalada se accede a los espacios subterráneos, también proyectados por el arquitecto I. M. Pei, que son las tres alas principales: el ala Denon, la Cour Denon y el ala Richelieu.

Museo del Louvre

96-97 La sala de acogida del museo, en el subsuelo de la Cour Napoleon, recibe luz en abundancia mediante las caras internas de la pirámide que la recubre. El reacondicionamiento del museo, que comprende la construcción de la misma pirámide, fue por deseo del presidente François Mitterrand.

97 derecha Curiosamente (como confirmación de la fama adquirida, en positivo y en negativo), el número de polígonos que forman las caras de la Pirámide se da a menudo erróneamente, incluso con alusiones esotéricas. En realidad se trata de 673 elementos, conectados por casi 100 toneladas de cables metálicos.

98-99 La colección de esculturas griegas y romanas, con la célebre Diana de Versalles, está conservada en la sala de las Cariátides, realizada por el arquitecto Pierre Lescot y es llamada así por los elementos arquitectónicos que rigen la tribuna visible en el fondo. Esta última era utilizada para acoger a la orquesta cuando en la sala se celebran fiestas y banquetes.

98 abajo Las colecciones de arte asirio del Museo del Louvre provienen principalmente de excavaciones arqueológicas que empezaron a mediados del siglo XIX. Hoy, los célebres descubrimientos de Khorsabad están albergados en la Cour homónima, situada en el ala Richelieu.

Museo del Louvre

Estructurado en cuatro niveles y dividido en las tres alas Richelieu, Sully y Denon, el Louvre presenta hoy importantes testimonios artísticos y arqueológicos de la historia de la humanidad, cubriendo un arco cronológico que va desde civilizaciones antiguas hasta la Edad Media, del primero y tardío Renacimiento europeo al arte francés del siglo XIX. Dentro de las numerosas y amplias salas del museo es posible recorrer la historia de las importantes civilizaciones que, de la India al Mediterráneo,

99 arriba a la derecha La Afrodita, llamada Venus de Milo, es una de las obras más célebres que se conservan en el Louvre. Obra helenística, que data del 100 a.C., fue encontrada en 1820 en la isla de Melos, convirtiéndose inmediatamente en uno de los símbolos de perfección del arte clásico.

99 arriba a la izquierda La famosa Niké (alrededor del 190 a.C.) fue encontrada en 1863 por el arqueólogo Charles Champoiseau en la isla de Samotracia, en el mar Egeo. La estatua tenía, originalmente, una trompa en las manos y, ubicada en la proa de una nave, hacía de símbolo de la victoria.

se han sucedido desde el Neolítico: importantísimos objetos de arte antiguo griego y romano, entre los que se pueden mencionar la *Venus de Milo* y la victoria, llamada *Niké de Samotracia*, las amplias secciones dedicadas a los sumerios, asirios y babilonios, además de preciosos repertorios arqueológicos procedentes del altiplano de Irán y su frontera con oriente.

Extraordinariamente rica es la sección dedicada a las antigüedades egipcias, que se remonta a los años de la restauración de los Borbones, y que presenta, mediante una disposición temática y cronológica tanto la vida cotidiana, con salas dedicadas a las actividades o tipos de habitaciones egipcias, como la información histórica sobre el desarrollo histórico-artístico y

99 abajo En la Cour Marly del ala Richelieu, están expuestas algunas esculturas provenientes de los jardines de Marly-Le-Chatel, la residencia del rey Sol, en el oeste de la ciudad. Este espacio, como la Cour Puget, es parte de los trabajos del «Grand Louvre» dirigidos por I.M. Pei.

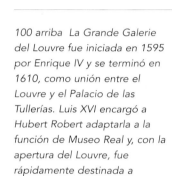

100 arriba La Grande Galerie del Louvre fue iniciada en 1595 por Enrique IV y se terminó en 1610, como unión entre el Louvre y el Palacio de las Tullerías. Luis XVI encargó a Hubert Robert adaptarla a la función de Museo Real y, con la apertura del Louvre, fue rápidamente destinada a albergar colecciones de pintura y escultura.

100 abajo a la derecha Los Salones Napoleón III, entre ellos el Grand Salon, están situados en el ala Richelieu y fueron realizados aproximadamente entre 1852 y 1860, bajo la dirección de Hector Lefue.

100 abajo a la derecha La Galería de Apolo, situada en el ala Lenon del Louvre, fue iniciada por Carlos IX en el siglo XVI, pero a causa de un incendio, reconstruida por el arquitecto Louis Le Vau en el XVII. El pintor Charles Le Brun, encargado de su decoración, eligió un tema iconográfico en el que Luis XIV, el rey Sol, es identificado con Apolo.

101 Galería de las Reinas de Francia, dedicada a las esculturas romanas. Está decorada por Giovanni Francesco Romanelli a mediados del siglo XVII, y situada en el interior de los majestuosos espacios de los apartamentos veraniegos de la reina Ana de Austria.

Museo del Louvre

sobre las características y símbolos dejados a la esfera religiosa. Parte fundamental de las colecciones del Louvre está representada por numerosas obras maestras de la pintura italiana, entre otras el célebre e inigualable símbolo del museo: la enigmática *Gioconda* o *Monna Lisa* de Leonardo, (1503-1506), y además están expuestas importantes obras de Tiziano, Rafael, Tiepolo, Ghirlandaio, Mantegna, Paolo Uccello, y Veronés, además de las obras maestras de los grandes maestros de la pintura francesa entre ellos *El rapto de las Sabinas* de Georges de la Tour,

(1799), *La balsa de la Medusa* de Théodore Géricault, (1819) y de otros célebres artistas como Jean-Antoine Watteau, Jean Auguste Dominique Ingres, Nicolas Poussin y Jacques-Louis David. También hay amplias salas dedicadas a la pintura nórdica y flamenca, a las artes gráficas y a objetos de arte como muebles, orfebrería y arte vítrea.

Otras 35.000 obras, distribuidas en 60.000 metros cuadrados, hacen del Louvre un lugar tan denso de arte e historia que merece, de hecho, el apelativo unánime de «museo de museos».

Centro Pompidou
PARÍS, FRANCIA

El Centre Pompidou, situado en el corazón de París entre los barrios de Les Halles y el Marais, nació gracias a la voluntad del presidente de la República, Georges Pompidou, que a finales de 1969 propuso edificar en la capital francesa un centro museístico dedicado al arte contemporáneo en sus varias manifestaciones. La decisión de dar vida a un museo contemporáneo se debió también a la exigencia de crear una institución, más grande e idónea, que estuviera en grado de albergar las colecciones novecentistas que estaban entonces en otros museos importantes parisinos, como el Luxembourg, el Jeu De Paume y el Palais De Tokyo. El Pompidou nació, por tanto, como una continuación ideal de las visitas a las colecciones del Louvre y del Orsay, y el modelo según fue proyectado tanto desde un punto de vista estructural como por la organización de las instituciones culturales que se hallan en su interior se convirtió rápidamente en el símbolo del museo como lugar de producción cultural, en el que las exposiciones no sólo son reseñas que hay que visitar pasivamente, sino también ocasiones para envolver a los visitantes en una participación lo más activa posible. No se trata, precisamente, sólo de una institución museística: en su sede también se encuentran la BPI (biblioteca de información pública), el MNAM (museo de arte moderno), el CCI (centro de creación industrial) y una serie de superficies destinadas a actividades recreativas y culturales de diversos tipos, como la sección de publicaciones, periódicos y audiovisuales, el laboratorio para los niños y *cinèmatéque*, sede de encuentros y conferencias.

Su presentación como «máquina cultural», cuyos engranajes lo constituyen los diversos «departamentos», está eficazmente expresada incluso mediante su propia estructura arquitectónica. El Centro Pompidou, proyectado por Richard Rogers y Renzo Piano, fue construido entre 1971 y 1978, presenta una estructura de acero en el que la fachada pone de manifiesto, en vez de esconder, las partes que lo componen. La serie de entubados, conducciones y elementos estructurales visibles desde el

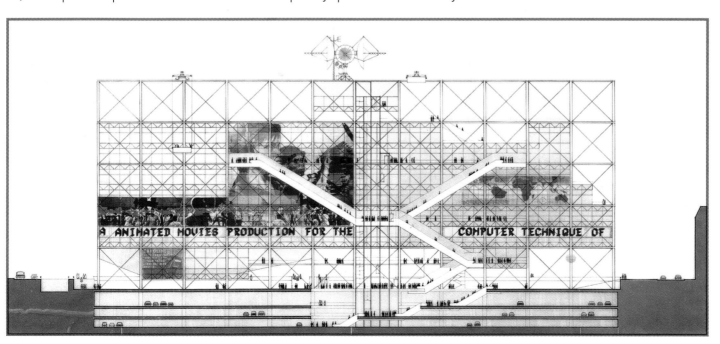

102 arriba La ilustración de una de las fases iniciales del proyecto, obra de Renzo Piano y Richard Rogers, manifiesta la intención de hacer del edificio una «máquina» de producción cultural.

102 abajo El proyecto presentado en el concurso resultó vencedor gracias a la transparencia con la que se pensó el museo. Desde el exterior es posible realmente seguir el flujo de visitantes, que se mueven con ascensores por los tubos transparentes y las superficies acristaladas.

102-103 El Centro George Pompidou, del que la vista aérea exalta la volumetría compacta y el impacto estético, se realizó entre 1971 y 1978 en el barrio de Les Halles, convirtiéndose en uno de los lugares más queridos y frecuentados por los parisinos.

103 abajo Como se observa en este escorzo de la Rue de Renard, las conducciones y estructuras que forman el edificio no se esconden bajo un envoltorio, sino que aparecen a la vista con sus diferencias cromáticas: en azul los tubos de conducción de aire; en verde los tubos para los fluidos y en rojo los ascensores y salidas de emergencia.

104 arriba y 104-105 Las escaleras móviles que conducen a los diversos pisos del Centro Pompidou, como las pasarelas destinadas a las ubicaciones horizontales de los pisos, están situadas en el interior de sugerentes tubos transparentes, que permiten percibir desde el exterior el continuo flujo de visitantes, y a quien los recorre, gozar de un espléndido panorama urbano.

104 centro En la amplia entrada de acogida, el visitante encuentra las indicaciones para orientarse entre los pisos dedicados a la colecciones permanentes y a las muestras temporales.

104 abajo La librería Flammarion es una de las muchas ofertas que se encuentran en el interior de esta extraordinaria «máquina cultural»: el Centro Pompidou, de hecho, fue pensado no sólo con función de sede expositiva, sino también en calidad de centro activo y polivalente, en el que se albergan numerosas realidades culturales, como la biblioteca, el cine y los espacios para actividades didácticas.

exterior están coloreados según sus respectivas funciones: los tubos conductores de aire son azules, los tubos para los fluidos son verdes, la electricidad en amarillo y en rojo los ascensores y salidas de emergencia.

Desde el momento de su inauguración, el 31 de enero de 1977, el Pompidou se convirtió en uno de los museos más famosos y visitados del mundo. Parte de sus colecciones estaban en realidad ya presentes en la ciudad de París: el Museo Nacional de Arte Moderno había tenido su sede en el Palais de Tokyo, donde el primer director, Jean Cassou, logró reunir, además de

otras importantes obras maestras heredadas del museo Luxembourg, obras de Picasso, Braque, Matisse Chagall y Brancusi, gracias a donaciones de los mismos artistas. La presencia de obras de extraordinaria importancia se debió también a la donación de colecciones privadas enteras, como la de Daniel Cordier, dedicada a la «raw art» y a Dubuffet, y la de Louise y Michel Leiris, formada principalmente por obras cubistas. La política de adquisiciones efectuada por el museo, y en algunos casos financiada por privados, permitió un enriquecimiento posterior con obras del neoplasticismo, y de artistas del siglo XXI como Mike

LIVE AND DIE
SLEEP AND DIE
FUCK AND DIE
SPEAK AND DIE
HEAR AND DIE
RAGE AND DIE
SICK AND DIE
WELL AND DIE
YELLOW AND DIE
LIVE AND LIVE
EAT AND LIVE
SLEEP AND LIVE
LOVE AND LIVE
HEAR AND LIVE
CRY AND LIVE
FEEL AND LIVE
YELLOW AND LIVE
YOUNG AND DIE
RUN AND DIE
PLAY AND DIE
RISE AND DIE
STAND AND DIE
SMILE AND DIE
THINK AND DIE
PAY AND DIE
SCREAM AND LIVE
TELL AND LIVE
SMELL AND LIVE
RISE AND LIVE
STAND AND LIVE
THINK AND LIVE
PAY AND LIVE

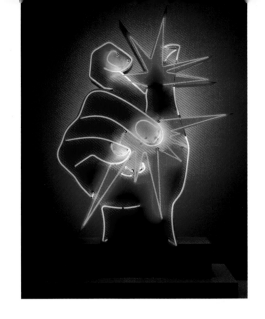

106 One Hundred Live and Die (1984) de Bruce Nauman, testimonia la reflexión propia del artista y el arte conceptual en general, que se refiere al empleo del lenguaje y la intención en acto de toda forma de comunicación.

107 arriba América América (1964) obra de Martial Raysse, artista francés perteneciente al movimiento artístico del Noveau Réalisme, que al inicio de los años 60 llevó a debate la aproximación perceptiva a la realidad a través del empleo de materiales industriales y reciclados con un lenguaje neodadaista.

107 abajo Los amplios espacios de las salas del museo de arte moderno y contemporáneo acogen obras como el hipnótico trabajo del artista israelí Yaacov Agam, que trabaja el arte óptico y cinético, dando vida a juegos visuales en los que se ve alterada la percepción ocular del espectador.

Centro Pompidou

kelley y Tony Opusler. El Pompidou, con cerca de 53.000 obras, custodia una de las colecciones de arte del siglo XX más importantes del mundo. De los siete pisos del edificio, dos están enteramente dedicados a la exposición de estas colecciones: el cuarto plano abarca el arco cronológico desde el arte de la década de 1960 hasta hoy. En el quinto piso encontramos, cronológicamente en retroceso, obras que van desde los primeros novecientos hasta la década de 1960, y salas monográficas que profundizan en los artistas más importantes de 1900, entre ellas pinturas y esculturas de Pablo Picasso, la pintura en acción de Jackson Pollock, el «ready made» de Marcel Duchamp, y las esculturas «móviles» de Alexander Calder flanqueadas por las pinturas de Joan Miró. Además de la exposición de colecciones permanentes, el Pompidou organiza cada año muestras temporales dedicadas a importantes artistas del siglo pasado, o a temáticas más amplias siempre de gran interés para el estudio de la modernidad novecentesca y de la contemporaneidad.

Además de su papel en la producción cultural, el Pompidou se ha convertido en palco escénico para continuas actuaciones y espectáculos de artistas. Al lado, en la plaza Stravinsky, para servir de símbolo posterior de las artes novecentistas contenidas en el museo, se encuentra Beauburg, espectacular fuente dinámica proyectada por los artistas franceses Jean Tinguely e Niki de Saint Phalle.

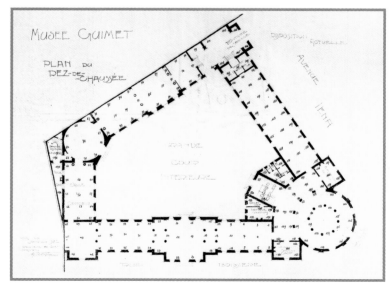

Museo Guimet

PARÍS, FRANCIA

El Museo Guimet nació de la voluntad de Emile Guimet (1836-1918), un industrial de Lyon que profesaba una profunda pasión por las religiones del antiguo Egipto y por la historia del antiguo Oriente. Guimet siempre tuvo el sueño de crear un museo dedicado a estas pasiones suyas, y logró realizarlo en 1879 con la apertura de una sede expositiva en su ciudad natal: aquí se expusieron los testimonios artísticos que adquirió y reunió en sus numerosos y largos viajes a Grecia, Egipto, Japón, China e India. Éstas fueron las colecciones que se trasladaron de Lyon a París y se expusieron en el museo que lleva su nombre y se inauguró en 1889.

La apertura del Guimet se produjo gracias al clima cultural de creciente interés por los avatares de la historia y cultura orientales. En aquellos años se desarrollaron de hecho importantes expediciones arqueológicas que produjeron notables descubrimientos y hallazgos, como por ejemplo los de Louis Delaporte en Siam y Camboya, donde se recuperó una parte importante de la actual colección de arte Khmer, o la de Charles Varat en Corea, o Jacques Bacot siguiendo las huellas del arte tibetano. Parte de los hallazgos de éstas y otras importantes expediciones confluyeron con el tiempo en la colección Guimet.

En 1927 se produce un cambio decisivo para el museo ya que pasó al control administrativo de la red de los museos franceses y, gracias a posteriores campañas de excavaciones e investigaciones de Paul Pelliot y Edouard Chavannes en Asia Central y en China, amplió de nuevo sus colecciones.

En el transcurso de la primera mitad del siglo XX, el museo se enriqueció con bellísimos testimonios de arte indochino expuestos antes en el Museo del Trocadero, y con objetos de arte oriental que antes fueron propiedad del Louvre, que se intercambiaron por su sección egipcia. En las décadas de 1950 y 1960 el Guimet se convierte en uno de los museos de arte asiático más importantes del mundo, y fue ampliado gradualmente por sus sucesivos directores que, según su formación e interés, supieron aumentar y dar importancia a las diversas secciones del museo. El importante erudito Philippe Stern contribuyó al aumento de las actividades de investigación y a la revalorización y ampliación de la biblioteca y el archivo fotográfico. Estos lugares, todavía accesibles, fueron después revalorizados también por la directora Jeannine Auboyer, quien promovió los trabajos de restauración y ampliación que tuvieron lugar en las décadas de 1960 y 1970. Otros innovadores cambios se produjeron en la década

108-109 En la fotografía se reconoce la instalación general del palacio, edificado en la segunda mitad del siglo XIX, en el que resultan particularmente evidentes las directrices de la reordenación urbanística realizada por Georges Haussmann.

108 abajo a la izquierda La antigua biblioteca del Museo Guimet presenta una cúpula acristalada, embellecida por una terraza con estatuas neoclasicas que caracteriza también el

exterior del edificio. En el interior de la biblioteca están reunidos más de 100.000 bellos volúmenes, especializados en arte antiguo y arqueología de Asia.

108 abajo a la derecha Un plano del edificio, que data de 1937, muestra la irregularidad del perímetro, determinada por la intersección a ángulo agudo entre la Rue Hamelin y Rue d'Iena, respectivamente a izquierda y derecha de la rotonda que alberga la biblioteca.

de 1990: en 1991 se inauguró, en colaboración con Bernard Frank del College de France, la apertura de una *dependance* del museo, de un Panteón Budista donde se expone una selección de la colección original que Emile Guimet había traído consigo del viaje a Japón. La última fase de renovación del museo, efectuada entre 1993 y 1996, fue dirigida por los arquitectos Henri y Bruno Gaudin que al reorganizar espacios y montajes han permitido una nueva subdivisión de las secciones, distribuidas en los cuatro pisos del edificio, por áreas geográficas de proveniencia de los objetos, de manera que se facilita el disfrute de los visitantes menos doctos en la materia. La colección más grande es la que se refiere al arte chino, formada por más de 20.000 objetos, de la que forman parte espléndidos jades y cerámicas del periodo neolítico, bronces del periodo de las dinastías Sang (siglos XVII-XI a.C.) y Zhou (siglos XI-III a.C.), esculturas budistas –algunas de las cuales han sido colocadas sugestivamente en el Panteón, estatuas procedentes de las tumbas *ming* del periodo Han (206 a.C.-220 d.C). y Tang (618-907), y una extraordinaria selección de cerámicas, porcelanas, además de otras series de adornos lacados y en madera de palisandro, más de un centenar de pinturas que cubren el arco cronológico desde la dinastía Tang hasta la Qing. Igualmente consistente es la sección dedicada al arte del sudeste asiático, con la serie de esculturas de la región de Kampa, testimonio emblemático de la fusión entre las diversas culturas de esta zona llamada también el «Vietnam indianizado», y los objetos procedentes de Camboya, como la célebre cabeza del rey khmer *Jayavarman* del siglo VII. En las salas dedicadas al Asia Central, también llamada Serindia, se hallan manuscritos de la

110-111 La sala del Museo Guimet dedicada al arte khmer: esta sección recoge testimonios antiguos de arte del sudeste asiático, procedentes de la serie de objetos reunidos por Etienne Aymonier, de parte de la antigua colección de Guimet y de la colección del Museo de arte indochino del Trocadero, fundado y dirigido por Louis Delaporte. En la fotografía pueden verse estatuas del rey y cabezas de dioses (Brahma en particular) y frisos procedentes de Angkor, en Camboya.

111 Manteniendo la función que tenía en su origen, un friso de Naga (divinidad serpentiforme con función protectora), procedente de los templos de Angkor, está oportunamente colocado en la base de la escalinata principal del museo.

religión budista únicos en el mundo y una serie de objetos reunidos de grandes e importantes centros budistas que se extendían originalmente por los centros de aprovisionamiento de las caravanas que recorrían la Ruta de la Seda.

Por el contrario, proceden de Afganistán y Pakistán las esculturas de la región de Gandhara, primeros testimonios fundamentales de la iconografía del Buda y su vida, entre las que destaca el célebre *Foucher bodhisattva*. Otras secciones están dedicadas a las colecciones de arte del Himalaya, como los thang-ka y los bronces del Nepal y Tibet; al arte indio, con terracotas, bronces y esculturas en madera, y al arte coreano.

El Guimet permite, a través de una disposición didáctica y sugestiva, conocer no sólo más profundamente la historia antigua de Oriente sino también la de la arqueología occidental.

112-113 La Gare d'Orsay, inaugurada el 14 de julio de 1900, fue proyectada por el arquitecto Victor Laloux, quien quiso dar al edificio un toque majestuoso, formado por una estructura de hierro recubierta de piedra, para poder dialogar con los edificios históricos parisinos, como el cercano Museo del Louvre. El proyecto inicial del grupo ACT preveía una rampa continua destinada a albergar la exposición de las esculturas, pero el proyecto fue modificado después con la realización de una serie de pisos y gradas en el piso bajo, a lo largo de la nave central y en las terrazas elevadas de los lados, para realzar las obras esculturales, que están iluminadas por viejas lámparas restauradas de Laloux o por la luz natural que se filtra por las cristaleras.

113 Para el proyecto elaborado para el acondicionamiento de los espacios internos, se realizó un estudio analítico de los colores, se volvió a proponer de nuevo, para los emplastes, decoraciones y estructuras en hierro y tonalidades más cercanas a las originales. El proyecto vencedor, del grupo de arquitectos ACT, Renaud Bardon, Pierre Colboc y Jean-Paul Philippon, cuidó, como puede observarse en el diseño de la sección del edificio (abajo), el implante original de la estación, previendo una entrada por la Rue de Bellechasse.

Museo d'Orsay

PARÍS, FRANCIA

El contenido de la antigua *Gare d'Orsay* (estación de Orsay) hace de ésta uno de los museos más importantes de París, sugestivo y denso en historia. Fue en 1897 cuando la *Compagnie des Chemins de Fer de Paris à Orleans* (Compañía de Ferrocarriles de París-Orleans) decidió construir una estación ferroviaria justo en el corazón de la capital francesa, a un paso del jardín de las Tullerías, junto al Sena no lejos del Louvre. Como para reafirmar los temores de los ciudadanos, preocupados por el surgimiento de un edificio industrial en grado de minar la belleza del barrio, la compañía abrió un concurso a tres famosos

dotado también de un grande y lujoso hotel. La innovadora tracción eléctrica de los trenes, no contaminante, permitió además la realización de una rica decoración incluso en el interior, con emplastes y frescos obras de importantes artistas convocados por el mismo Laloux.

La estación de Orsay estaba, por tanto, en grado de igualdad con las construcciones históricas circundantes y de representar, a su vez, una síntesis de las arquitecturas modernas de principio de siglo, pero tuvo una vida breve: fue abandonada progresivamente, hasta que cayó en desuso en 1939.

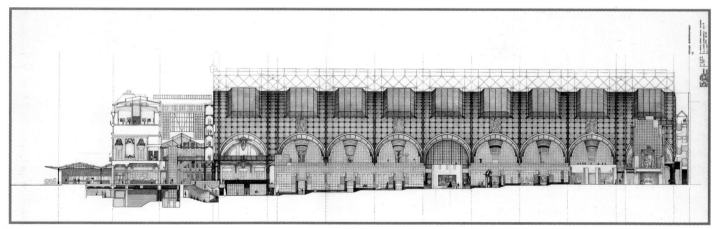

arquitectos: Victor Laloux, Emile Bénard e Lucien Magne. Venció el proyecto de Laloux, que preveía la construcción de una gran nave, como todo el edificio de larga, y cubierta por una majestuosa estructura abuhardillada y revestida de pizarra. Los trabajos de construcción empezaron por tanto en las ruinas renegridas del precedente Palais D'Orsay, y la estación se inauguró el 14 de julio de 1900, con ocasión de la Exposición Universal.

Se trataba de un edificio de 32 metros de alto, de vidrio y metal, caracterizado por una imponente fachada de piedra y

La transformación en museo no se produce hasta la década de 1970, y entretanto tuvo diversos destinos, entre ellos ser centro de clasificación postal en periodo de guerra, plató de filmación de la película *El proceso* de Orson Welles en 1962, sede de la compañía teatral Renaud-Barrault y por fin casa de subastas. Fue en 1975 cuando la dirección nacional de los museos franceses decidió dar vida al Museo d'Orsay, destinado a acoger algunas de las importantísimas colecciones dedicadas principalmente, pero no sólo, al movimiento impresionista. Buena parte de

114 El majestuoso reloj, que desde lo alto de la nave central domina el museo de la Gare d'Orsay, como las lámparas que cuelgan del alto techo, son parte del mobiliario que caracterizaba al edificio en su fase de estación ferroviaria.

114-115 Para constituir un elemento de continuidad con la Gare d'Orsay está el gran reloj, visible desde dos lados: desde el exterior, por la Rue Bellechasse, y desde el interior, en los espacios internos del que fue el gran hotel de la estación, hoy destinado a café-restaurante del museo.

116-117 La galería de los impresionistas se sacó de un espacio del techo, que para Laloux tenía simplemente una función de conexión volumétrica con el Museo del Louvre, de la otra parte del Sena. Las cubiertas permiten una luz cenital y las paredes son estructuras de acero recubiertas de yeso.

117 arriba En la galería de los impresionistas de la Gare d'Orsay se exponen, en pocas salas, numerosas e inestimables obras maestras de arte francés de la segunda mitad del siglo XIX, entre ellas una de las salas dedicada a las pinturas y esculturas de Edgar Degas, con sus célebres y delicadas bailarinas.

117 abajo Los primeros tres Salons Ovales, donde las cúpulas de Laloux han sido conservadas y albergan la exposición del Naturalismo hasta el Simbolismo; los otros tres salones, están dedicados a las artes decorativas y al Art Nouveau.

Museo d'Orsay

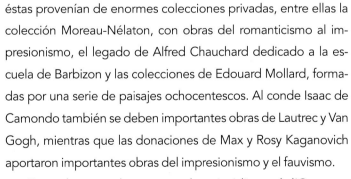

éstas provenían de enormes colecciones privadas, entre ellas la colección Moreau-Nélaton, con obras del romanticismo al impresionismo, el legado de Alfred Chauchard dedicado a la escuela de Barbizon y las colecciones de Edouard Mollard, formadas por una serie de paisajes ochocentescos. Al conde Isaac de Camondo también se deben importantes obras de Lautrec y Van Gogh, mientras que las donaciones de Max y Rosy Kaganovich aportaron importantes obras del impresionismo y el fauvismo.

Parte de estas obras, antes de coincidir en el d'Orsay, se expusieron en el Museo Luxembourg, que de 1818 a 1939 estuvo dedicado a la exposición de obras de artistas en vida, en el Louvre, el Jeu de Paume y el museo de arte moderno mientras se les encontraba una ubicación idónea. El museo d'Orsay nace por tanto como puente ideal entre los testimonios artísticos de un pasado más lejano, expuestos en el Museo del Louvre, y aquéllos dedicados a las artes contemporáneas que son los protagonistas del Centro Pompidou.

En 1978 se instituyó un concurso para la restauración del edificio, del que salieron vencedores los arquitectos del estudio ACT, formado por Jean-Paul Philippon, Renaud Bardon y Pierre Colboc. Un segundo concurso, en 1980 para la proyectación de los espacios internos fue ganado por el arquitecto italiano Gae Aulenti. El museo, inaugurado oficialmente el 9 de diciembre de 1986 por François Mitterand, presenta una estructura expositiva distribuida en tres plantas, en las que todavía son legibles elementos de la función original del edificio. Entre las extraordinarias piezas expuestas en las salas de este espléndido museo hay obras maestras inestimables a las que debe su fama internacional, como El desayuno sobre la hierba y L'Olympia de Èdouard Manet, El origen del mundo de Gustave Courbet, las célebres escenas de danza de Edgar Degas, los bailes de Auguste Renoir, y obras de otros grandes artistas como Ingres, Van Gogh, Cezanne, Gauguin, Monet, Rosseau, Toulouse-Lautrec, por citar sólo algunos. También están presentes en la galería de esculturas, obras de Auguste Rodin, Aristide Maillol y Antoine Bourdelle. Pero la vocación pluridisciplinar del museo se encuentra también en la presencia de ricos objetos inherentes al campo de la arquitectura, cine, gráficos, fotografía y decoración.

Museo d'Orsay

118-119 El último piso, situado en correspondencia con el reloj, es el que hoy alberga la cafetería del museo, el Café des Hauteurs. Debajo se encuentra el salón restaurado de las fiestas del antiguo hotel, mientras que en el piso bajo se encuentra la librería.

119 arriba La Sala Charpentier se sitúa en el piso intermedio, en la sección dedicada a las artes decorativas. Se trata de una sala de almuerzo que data de los primeros años del siglo XX, realizada por Alexandre Charpentier para la casa de Champrosay del banquero Adrien Bénard.

119 abajo En los Salons Ovales dedicados al Art Nouveau, están expuestos muebles de época, donde destacan las sillas Majorelle, de alrededor de 1902-1909, y las sillas firmadas Henry Van de Velde, en primer plano de la fotografía, realizadas a finales del siglo XIX en madera de caoba.

Museo de Quai Branly
PARÍS, FRANCIA

El Museo de Quai Branly nació en París, en la orilla izquierda del Sena, a pocos pasos de la Torre Eiffel y más que un simple museo es un centro de estudio e investigación. Inaugurado el 22 de junio de 2006 en el amplio y multiforme edificio firmado por el arquitecto francés Jean Nouvel, vencedor del concurso abierto en 1999, está dedicado a la exposición y divulgación del arte y las culturas no occidentales. Nouvel, particularmente conocido y apreciado en París por ser autor del Instituto del Mundo Árabe y de la Fundación Cartier para el arte contemporáneo, ha realizado una estructura con una extensión de alrededor de 40.000 m², articulada en cuatro edificios colocados de modo asimétrico, donde los elementos naturales como luz y vegetación juegan un papel de particular relieve. El visitante, incluso antes de explorar las historias de culturas remotas que se documentan en su interior, es invitado a explorar desde el exterior el edificio, que se revela gradualmente a la vista. El museo está precisamente revestido de una espesa vegetación ideada por el botánico Patrick Blanc, que impide en parte la vista desde el exterior. Para llegar es necesario atravesar un jardín de frente, de apariencia selvática e incólume: el jardín circundante,

120-121 Dada la disposición del complejo articulado, en parte deliberadamente escondida, la vista aérea ofrece la mejor perspectiva para apreciar la creación compuesta por Jean Nouvel. En la fotografía, el museo en sí está marcado por la superficie trapezoidal en el centro de la imagen, mientras que el cuadrado más oscuro a su derecha corresponde con el Centro de Investigación y Estudio que forma parte de la institución. El óvalo de la izquierda indica la posición de los elementos de servicio del complejo.

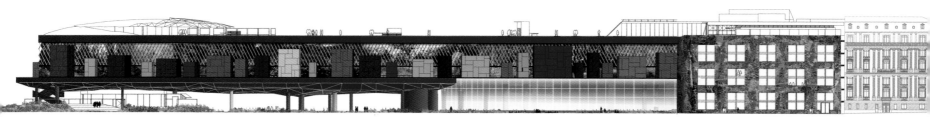

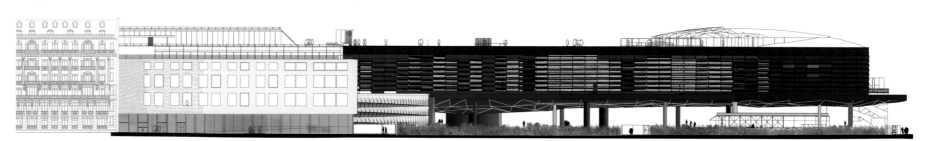

120 abajo Dos vistas esquemáticas muestran respectivamente la fachada norte (arriba) y la sur. La primera, singularmente caracterizada por la presencia de las «cajas» coloradas que se extiende a lo largo del Sena.

121 abajo Aunque se extiende más de 40.000 m² de superficie, el terreno adquirido por la institución, menos de la mitad está ocupado por construcciones. La vegetación no tiene un papel secundario respecto de la arquitectura, sino complementario.

122 El mur vègétal, ideado por Patrick Blanc, tiene una extensión de 800 m², fue definido como «impresionante»: la densísima cobertura vegetal está compuesta por 15.000 plantas de 150 especies diferentes. El muro recubre el exterior del pabellón Branly, sede de la administración del museo.

123 arriba a la izquierda La aparente y sorprendente precariedad de las «cajas» coloradas deriva de la necesidad de aislar los contenidos del museo. Cada una acoge, de hecho, los objetos de un pueblo o cultura concretos. Otros están, sin embargo, dedicados a las diversas tradiciones musicales.

123 arriba a la derecha y abajo Similar a un enorme caracol, un pabellón pone en comunicación los niveles del museo mediante una rampa larga en espiral. El concepto de «pasaje» fue central en la creación del mismo museo, visto como una suerte de pasarela intercultural.

123 centro En dos escorzos de la fachada sur y norte se muestra la colocación del pabellón central, puesto sobre pilares para confirmar la analogía conceptual con un puente, y un bosquejo de la amplia cristalera del complejo, otra de las características fundamentales del proyecto.

Museo de Quai Branly

con una superficie de 16.000 m², fue proyectado por el jardinero y paisajista Gilles Clément. El cuerpo central del edificio se apoya en palafitos sobre este jardín-selva. Al exterior de la estructura, además de una pared de vidrio que se extiende 200 metros a lo largo del Sena, hay algunas cajas rojas apoyadas sobre el lado septentrional del edificio, aparentemente en vilo y casi suspendidas en el vacío. En el interior, el espacio del museo está estructurado sobre cinco niveles, accesibles a través de una larga y sinuosa rampa de escaleras en espiral, que culmina en la enorme terraza desde la que se goza de una vista extraordinaria de la Torre Eiffel y de la ciudad.

Las colecciones en exposición, no definidas en categorías disciplinarias cerradas puesto que entre el interés histórico-artístico y el antropológico y etnográfico, hay en el complejo

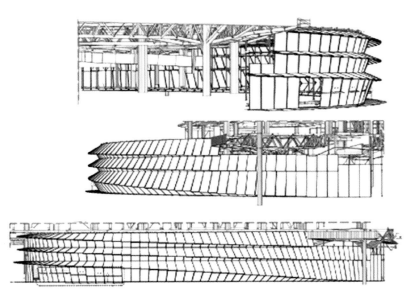

124-125 y 124 abajo Los interiores del museo ofrecen una curiosa y fascinante alternancia de espacios luminosos y amplios, asociados a los sectores funcionales y de paso, y de zonas más recogidas y sombrías, que introducen a las exposiciones. En concreto, la fotografía inferior derecha encuadra la sugestiva visión que se presenta al visitante entre la zona expositiva y el jardín, mirando hacia la rica decoración vegetal.

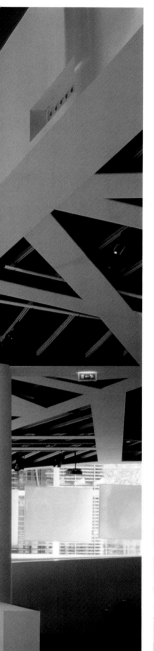

125 *Pinturas aborígenes, obra de ocho célebres artistas australianos, ornamentan los largos corredores luminosos del Centro de Investigación. En la fotografía de la derecha se reconoce la Torre Eiffel, a escasos centenares de metros de distancia. La cercanía de un símbolo tan potente de París y de Francia ha sido uno de los desafíos más problemáticos afrontados por Nouvel. El nuevo museo suscitó debates y críticas: las mismas reacciones que había suscitado el Centro Pompidou, casi convertido en un icono de la capital francesa.*

Museo de Quai Branly

más de 300.000 piezas, 3.500 de las cuales colocadas permanentemente en exposición, procedentes en parte del preexistente Musée de L'Homme de París y en parte del Musée des Arts d'Afrique et d'Oceanie, ahora cerrado. Las zonas geográficas a las que pertenecen los objetos son África, Oceanía y las dos Américas, con una mirada particular a las culturas precolombinas, a los indios de América, a Asia, a Indonesia y a Vietnam. Los recorridos expositivos, así como el edificio –atentamente estudiado por Nouvel a fin de obtener la unión perfecta entre continente y contenido– se proponen al visitante como rastros a través de los cuales emprender un viaje de descubrimiento de las zonas mencionadas y de las culturas que las han habitado en el curso de su evolución. La exhibición de las colecciones se enriquece además con exposiciones temáticas con un objeto puramente didáctico, en el que se da a los visi-

tantes los instrumentos necesarios para comprender los usos, costumbres, tradiciones y culturas materiales contextuales a los objetos en exposición.

El edificio y su conexión con la vegetación circundante, su estructura multiforme y los toques cromáticos diferenciados quieren ser símbolos de las diversas culturas que, en el proyecto realizado para el concurso, el arquitecto definió como islas que forman un «archipiélago» único, coexistiendo y mezclándose en las salas, si bien manteniendo sus peculiaridades. Los ambientes de caja, además de otorgar un aire extravagante y moderno al impacto que el edificio tiene desde el exterior, respondiendo propiamente a la exigencia museográfica de diferenciar entre los ambientes en los que se evocan atmósferas de características muy dispares.

Además de las cuatro macrosecciones dedicadas a Oceanía, Asia, América y África, la exposición comprende cuatro muestras especiales: la colección textil, en la que se conservan más de 25.000 tejidos, que datan principalmente de los siglos XIX y XX; la colección fotográfica, con más de 700.000 piezas que van desde la mitad del siglo XIX a nuestros días; la de musicología y el fondo histórico, las dos últimas heredadas casi íntegramente del Musée des Arts d'Afrique et d'Oceanie. Así entran en escena geografías y cronologías lejanas, en las que, a través de la exposición de las civilizaciones del pasado junto con las de artistas contemporáneos, se quiere emprender un camino que tome distancias con lo típico de una visión puramente colonialista, a la búsqueda de una visión más antropológica y menos «occidentalizante», para lo cual encontramos, como referencia teórica, el trabajo de Claude Lévi-Strauss, a quien está dedicado el teatro del museo.

126-127 y 127 El pabellón del museo, de 200 m de largo, se presenta totalmente acristalado en el lado sur. Por el norte, sin embargo, se sitúan las «cajas» temáticas dedicadas a las tradiciones y culturas singulares. El conjunto, concebido para asegurar la fluidez en el recorrido de la visita, o recorrido de reconocimiento, ofrece una sorprendente asociación de estilos y materiales heterogéneos, incluso manifiesta una apreciable unidad, también debida a la gran riqueza de los objetos conservados. Los objetos expuestos actualmente son más de 3.000, es decir una centésima parte del patrimonio completo de la institución. El museo reserva casi 5.000 m² de espacio para las exposiciones permanentes.

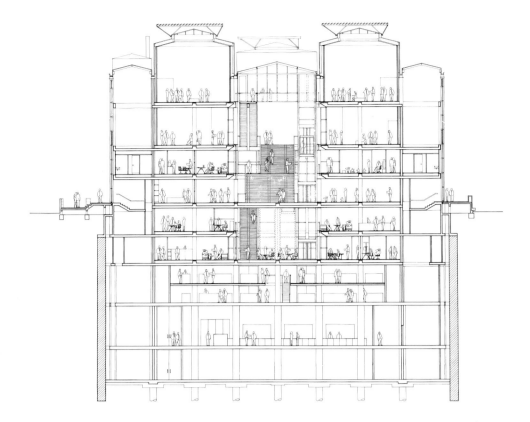

Museo Carré d'Art

NIMES, FRANCIA

El Carré d'Art, museo de arte contemporáneo de Nimes, es desde un punto de vista arquitectónico uno de los pocos ejemplos de integración y diálogo entre lo antiguo y moderno. Abierto al público el 18 de mayo de 1993, está situado en el corazón de esta antigua ciudad provenzal de evidente origen romano.

El concurso para el proyecto de este espacio expositivo, abierto en 1984, tuvo como vencedor al arquitecto británico Norman Foster que, al igual que en la Great Court realizada para el British Museum de Londres en el 2000, ha demostrado que es capaz de aceptar un desafío laborioso, como es proyectar en el mundo contemporáneo un edificio capaz de integrarse y dialogar con el contexto urbano histórico, que en este caso está constituido por vestigios de su antiguo origen como colonia romana, además de revalorizarlos. El museo de Nimes se levan-

ta de hecho en la plaza central de la ciudad, a pocos pasos de la Maison Carrée, el templo romano de la época imperial erigido en honor de Cayo y Lucio César, sobrinos del emperador Octavio Augusto: desde el siglo XVI este edificio fue llamado «Casa Cuadrada», en francés «Maison Carré», y precisamente el museo conserva el nombre y se confronta con él, en un desafío armonioso entre arquitecturas del pasado y del presente.

Exactamente igual que el bien conservado templo antiguo, también el Carré d'Art presenta una estructura geométrica muy simple y regular, de volumen de paralepípedo rectangular, con una cubierta totalmente acristalada, cuya pureza permite percibir, con transparencia, el contenido. El atrio central evoca la estructura típica de los tradicionales patios internos de las casas de Nimes, y la luz natural por todo el edificio resulta ser un elemento fundamental. El espacio interno, alrededor de 2.000 m²,

128 y 129 abajo Los bocetos muestran lo imponente de la idea de base para la realización del Carré d'Art, cuyo volumen está articulado con casi la mitad en el subsuelo. El conjunto es extremadamente racional, según el lenguaje arquitectónico «high tech» de Foster, constituyendo así, también de forma ideal, un lazo con la funcionalidad característica de la arquitectura civil romana.

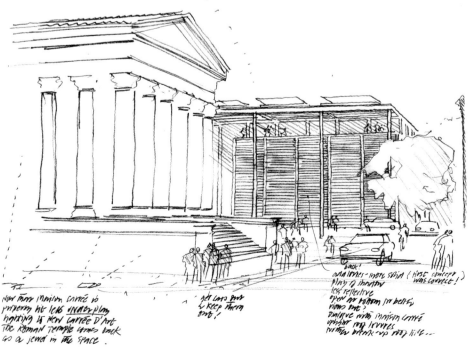

128-129 Expresamente concebido para contrastar, y a la vez armonizar, con un vecino «absorbente» como la Maison Carrée, el Carré d'Art expone una estructura de vidrio, cemento y acero en la parte occidental del casco histórico de la ciudad. El osado experimento de Norman Foster ha tenido éxito: el museo y la biblioteca han revitalizado el panorama cultural de Nimes.

130 La luz, protagonista absoluta del interior del Carré d'Art, brilla virtualmente ilimitada por la elección de los materiales, principalmente reflectantes, y por la concepción exquisitamente minimalista del arquitecto, muy industrial y centrada de forma característica en la economía de superficies no lineales.

131 Extraordinario es el efecto creado por la intersección de planos y redes, horizontales y verticales, evidenciada por el contraste con la figura humana.

Museo Carré d'Art

está subdividido en nueve plantas, de las que cuatro están bajo el nivel del suelo. Los principales espacios expositivos, donde se encuentran las colecciones permanentes y las muestras temporales, están en los dos pisos superiores.

En el atrio, visible también desde el exterior, se encuentra una obra de amplias dimensiones de Richard Long, *Mud Line*, que en la materia manifiesta los gestos del artista y la impronta de sus manos. Esta obra acoge y da la bienvenida a los visitantes, que en el Carré d'Art pueden encontrar una colección de arte contemporáneo articulada en un arco cronológico que va desde la década de 1960 del siglo XX hasta nuestros días. Las obras de Nimes, hoy alrededor de 300 en total, se acondicionaron a partir de 1986 y en parte fueron donaciones y en parte adquisiciones efectuadas por el Fondo Nacional de Arte Contemporáneo y el Fondo Regional para el Arte Contemporáneo de la región de Languedoc-Rosellón.

Las obras que forman las colecciones permiten comprender y conocer diversos movimientos artísticos que han contribuido a los cambios en el arte del siglo XXI, con particular atención al ámbito francés y europeo. En lo que se refiere al arte nacional, encontramos obras pertenecientes a importantes movimientos como Noveau Rèalisme, Supports-Surfaces, BMTP y Figuration Libre, y obras interesantes de célebres artistas contemporáneos, como Arman, Martial Raysse, Claude Viallat, Christian Boltansky y Bertrand Lavier. Junto a obras de artistas franceses, hay también importantes creaciones de artistas españoles como Miquel Barceló, Juan Muñoz, Cristina Iglesias; de artistas italianos del grupo del Arte Pobre, como Mario Merz, Jannis Kounellis, Giuseppe Penone y Giovanni Anselmo, y de la transvanguardia como Enzo Cucchi y Nicola de Maria. En lo que se refiere al arte anglosajón hay importantes artistas como Gerard Richter, Sigmar Polke, Wolfgang Laib, Barry Flanagan, Alan Kaprow, Dan Flavin, Joseph Kosuth y Julian Schnabel.

En el interior del Carré d'Art están dispuestos otros espacios para actividades culturales como la mediateca, la biblioteca y la sala de lectura.

132 *Urbain Vitry, para la proyectación que debía reunir los mataderos de la zona, se inspiró principalmente en la basílica de Saint-Sernin de Toulouse.*

133 arriba *La restauración de los pabellones que albergaban los mataderos, convertidos en la sede expositiva volcada en la producción artística moderna y contemporánea, se desarrolló entre los años 1997 y 2000.*

133 centro y abajo *Los pabellones que hoy albergan no sólo las salas expositivas del museo Les Abattoirs, sino también las oficinas y espacios dedicados a actividades para el público, fueron proyectados en 1828 por el arquitecto francés Urbain Vitry, que proyectó el conjunto de los pabellones dispuestos en hemiciclo, dos bloques rectangulares dispuestos simétricamente, y un bloque más amplio en el edificio central.*

Museo Les Abattoirs

TOULOUSE, FRANCIA

El museo de arte moderno y contemporáneo Les Abba-toirs se presenta como un interesante ejemplo de arqueo-logía industrial bien conjugada con la finalidad de expo-ner, promover y divulgar las prácticas artísticas contemporáneas. Se trata de un complejo museístico ubicado en las cercanías del río Garona, en Toulouse, capital de la fascinante región francesa de Midi-Pyrénées (Pirineos Centrales), llamada también la «Ciu-dad rosa» por el color de sus ladrillos, producidos con la tierra arcillosa local, que caracterizan a muchos de sus edificios.

El centro museístico de Les Abattoirs reúne las colecciones heredadas de instituciones como el precedente Museo Cívico de Arte Moderno, el FRAC (Fondo Regional de Arte Contempo-ráneo) y el Centro de Arte Contemporáneo de Toulouse y los Pirineos Centrales, y está situado en un conjunto de edificios particularmente interesantes desde el punto de vista histórico y arquitectónico.

Los pabellones que albergan las exposiciones y los ambien-tes dedicados a la biblioteca, medioteca y las actividades cultu-rales son fruto de una restauración y sistematización realizadas a finales de la década de 1990, pero los edificios industriales origi-narios fueron realizados por Urbain Vitry, arquitecto francés del siglo XIX. Autor de una serie de edificios históricos importantes para la ciudad de Toulouse, por ejemplo aquellos que albergan la Bolsa y el Tribunal de Comercio, fue encargado de proyectar en 1828 un complejo único en el que reunir todos los mataderos de la zona.

En este proyecto, Vitry logró conjugar la simplicidad, la simetría y el racionalismo del lenguaje neoclásico con una adap-tación estilística moderna y con las exigencias específicas del ambiente circundante. En 1828 empezaron los trabajos y en 1831, año en que finalizaron, los edificios empezaron a desarrollar

134-135 y 134 abajo La colección
del centro museístico Les Abattoirs
comprende alrededor de 2.000
obras, entre pinturas, esculturas,
diseños, instalaciones y fotografías
pertenecientes a un arco
cronológico que se remonta a la
segunda mitad del siglo xx y a los
principales movimientos artísticos,
sobre todo franceses, que la
caracterizaron. Se trata de
colecciones de arte heredadas en
parte del preexistente Museo
Cívico de Arte Moderno, el FRAC y
del Centro para el Arte
Contemporáneo de Toulouse y de
los Pirineos Centrales.

135 arriba El edificio en el que
están expuestas las obras de la
colección permanente del museo
es el central. En la sección del
boceto del edifico se ve cómo
están articulados los espacios
expositivos, donde el recorrido
continúa desde el atrio al piso
bajo, hasta el sótano y al primer
piso. Las salas, a pesar de la
restauración, han mantenido su
impronta original.

135 centro y abajo La colección permanente comprende obras de expresionismo abstracto, de Art Brut, informal y «Arte Pobre», entre ellas obras de Antoni Tàpies, Alberto Burri, Lucio Fontana, Mario Merz, Robert Morris, Robert Rauscheberg, Jean Dubuffet, Marcel Duchamp y Pierre Soulages. La sala de mayor reclamo es quizás la dedicada a Picasso, donde se encuentra El despojo del Minotauro vestido de arlequín, telón realizado por el artista en 1936 para la obra de teatro de Romain Rolland.

Museo Les Abattoirs

sus funciones; algunas modificaciones a las estructuras fueron aportadas al año siguiente, mientras que posteriores anexiones y ampliaciones fueron realizadas por Achille Gaubert entre 1881 y 1891, y todavía en 1929 por Jean Montariol. En el transcurso del siglo XIX, el complejo de los mataderos se presentaba por tanto con un amplio cuerpo central de impronta basilical, en el que el proyecto de Vitry acusaba la influencia de la maravillosa basílica de Saint Sernin de Toulouse ya sea en la estructura de naves y pórticos como en las amplias ventanas, similares también a las aberturas típicas de las termas romanas. En los lados se realizaron dos bloques simétricos, y en la parte posterior, el lado que da al río Garona, se levantaron los pabellones dispuestos en hemiciclo, para cerrar el complejo totalmente.

Estos edificios perdieron su función industrial en 1989 y poco después, en 1990, fueron oficialmente incluidos en el inventario de monumentos de interés histórico artístico. La década de 1990 fue determinante para recuperar este complejo, y de hecho nació un proyecto de colaboración entre el Estado francés, la ciudad de Toulouse y la región de Pirineos Centrales para localizar espacios dedicados a la exposición y estudio de artes contemporáneas. En 1992 se localizaron como posibles soluciones los edificios industriales de Vitry y en 1995 se abre el concurso arquitectónico para iniciar la restauración y conversión de los espacios del matadero en una sede museística. Los trabajos, efectuados entre 1997 y el 2000 han dado vida a una obra de arqueología y restauración industrial con la revalorización de las estructuras preexistentes, convirtiendo la funcionalidad sin alterarla de modo invasor. El edificio central alberga hoy, en tres plantas, las colecciones del museo, las muestras temporales, el auditorio y la librería, mientras que en las estructuras laterales se encuentran las oficinas y la mediateca. En los antiguos almacenes dispuestos en exedra se encuentra la cafetería y el estudio para las artes plásticas, mientras que en la estructura más pequeña que se encuentra frente a la entrada están los ambientes destinados a las actividades didácticas para el público. En la colección permanente, cuyo acondicionamiento hace que sea todavía más armoniosa esta unión entre pasado y presente, encontramos alrededor de 2.000 obras de escultura, pintura, gráficos y fotografía de artistas contemporáneos tanto franceses como internacionales, que representan algunos de los más importantes movimientos artísticos del siglo XX, como por ejemplo el impresionismo abstracto, l'art brut, el informal y el Arte Pobre. Entre los artistas presentes se encuentran Antoni Tàpies, Alberto Burri, Lucio Fontana, Mario Merz, Jean Dubuffet, Marcel Duchamp y Pierre Soulages. Particularmente famosa es, además, la sala dedicada a Picasso, en la que ha encontrado una más que digna ubicación la célebre y teatral El despojo del Minotauro vestido de arlequín.

Museo Oceanográfico

MONTECARLO, PRINCIPADO DE MÓNACO

El Museo Oceanográfico de Mónaco, uno de los más importantes museos temáticos del mundo, surge en un escenario bastante sugestivo, sobre un acantilado a pico sobre el mar, y en una posición dominante sobre el espléndido panorama del principado. Su notable fachada, de 85 metros de larga, se caracteriza por una arquitectura monumental y más bien ecléctica, según el estilo Art Noveau de moda en la época de su construcción. Cronológicamente el primero de su género, el museo fue motivo de inspiración y referencia para todas las instituciones similares del mundo. Fueron necesarios más de diez años para terminar su construcción, deseada por su fundador, el príncipe Alberto I de Mónaco, quien inauguró el edificio en 1910. El príncipe no sólo fue el promotor, sino que incentivó importantes investigaciones científicas oceanográficas, poniendo en contacto a científicos de todo el mundo y desarrollando iniciativas pioneras en este ámbito.

Su estatua, que acoge a los visitantes en la entrada, lo recuerda por tanto no sólo como el fundador, sino también por su contribución a la historia de la oceanografía. Enrolado en la marina con sólo 18 años, fue de hecho un amante y erudito del mar toda su vida.

La estructura en realidad no es sólo museística: las partes abiertas al público y funcionales con el objeto didáctico están formadas por tres niveles. Los inferiores están, sin embargo, ocupados por una biblioteca y por amplios laboratorios acondicionados para la investigación científica. También el objetivo educativo fue perseguido desde el inicio, a lo que contribuyó mucho el más famoso de sus directores: el «comandante» Jacques Cousteau, que asumió esta responsabilidad de 1957 a 1988. La característica de este increíble museo es la de permitir un mayor conocimiento de las aguas submarinas mediante unas peceras, con microclimas especialmente recreados, que reflejan las peculiaridades y características de la fauna y flora que caracterizan los mares de las zonas geográficas más dispares.

El Acuarium es una de sus partes más importantes, y es posible admirar las características del mar abierto, de las lagunas, del Mar Mediterráneo y de los mares tropicales. Especies más o menos destacables pueblan el interior de estas peceras, como tiburones de aleta blanca y aleta negra, enormes peces ángel, especies del fondo marino, peces pala y abadejos.

136 arriba Una sala del museo
está dedicada naturalmente al
fundador de la institución, el
príncipe Alberto I, hombre de mar
y pionero de la oceanografía
moderna.

136 abajo El primer cartel del
museo anunció la apertura del
Oceanográfico de Montecarlo, en
1910, gracias al gestor de la idea y
fundador, el príncipe Alberto de
Mónaco.

136-137 El edificio del Museo
Oceanográfico de Montecarlo
está construido totalmente de
piedra y domina el mar en un
precipicio entre las puntas de
Cap Martin y Cap d'Ail, en la

Costa Azul. Los trabajos de
construcción permitieron realizar
el museo, según proyecto del
arquitecto Paul Delefrotrie, con el
uso de 100.000 toneladas de
piedra de La Turbie.

138 La Sala de la Ballena toma el nombre de uno de los ejemplares más interesantes de la exposición: el esqueleto de una ballena de alrededor de 20 metros de largo.

139 arriba El Museo Oceanográfico nació no sólo con la finalidad expositiva sino con la función de centro de investigación oceanográfica.

139 abajo a la izquierda La fotografía ilustra la ballenera que el príncipe Alberto utilizaba en sus exploraciones marinas.

139 abajo a la derecha La Sala de Conferencias está adornada con un techo artesonado, obra del pintor y arquitecto Emmanuel Cavaillé-Coll, y con pinturas de Félix H. Lucas.

Museo Oceanográfico

En uno de los acuarios se reproduce la vida de un arrecife de coral: la parte superior de la pecera, en la superficie, está poblada de peces payaso, peces unicornio colorados y peces lata, mientras que en las profundidades se ven los peces ángel, peces torpedo y abadejos rojos.

La Sala Tropical alberga una pecera dedicada a los peces payaso y a las anémonas, junto a muchas otras especies de formas y nombres caprichosos, como la morena gigante, las gambas limpiadoras, los peces piedra, rapes, medusas, caballitos de mar, peces navaja y peces piña. Tampoco faltan las peceras dedicadas a los peces más peligrosos, como el pez escorpión (*Pterois volitans*), la morena cebra o el *Acanthurus*, también llamado pez cirujano. En la sección dedicada al Caribe, además de las peceras, se puede conocer mediante una maqueta mecánica la vida cotidiana del nautilo. En la parte dedicada al Mediterráneo, los protagonistas son, entre otros, las langostas, cigalas, sepias, doradas y lubinas, bejeles y peces golondrina.

En la amplia Sala de Conferencias es posible asistir a la proyección de documentales sobre el mar y sus habitantes, mientras que en la parte dedicada a la oceanografía zoológica hay una rica exposición de esqueletos, incluso de grandes dimensiones, entre los que destacan el de una ballena común, de alrededor de 20 metros, peces espada, peces sierra, cangrejos gigantes de Japón, una orca y un narval con el colmillo largo arqueado de marfil, además de una serie de vidrios con animales embalsamados, como focas y pingüinos. Como recuerdo de las investigaciones efectuadas por Alberto I, están conservados y expuestos cuatro de los grandes barcos de investigación usados para las campañas científicas entre 1884 y 1914. La sala dedicada a la oceanografía física acoge a menudo muestras temporales, que promueven un constante trabajo educativo y didáctico. La sala de oceanografía aplicada alberga restos y reconstrucciones que narran la historia de los estudios de las aguas marinas.

140-141 En el interior de peceras colocadas en la sección del Aquarium, en la planta inferior del museo, se recrean los microclimas de diversos tipos de aguas marinas y ecosistemas.

141 arriba Una estatua retrata al príncipe Alberto I, que dedicó gran parte de su vida al estudio de la biología marina. En la sala del mosaico de motivos marinos se exponen maquetas e instrumentos de sus aventuras.

141 centro arriba y abajo El centro del acuario está formado por las salas del mar Mediterráneo y la de los mares tropicales, cuyas peceras, que contienen las especies más peligrosas constituyen uno de los principales atractivos del museo.

141 abajo El Museo Oceanográfico es un homenaje tanto a la ciencia como a la aventura. Junto a los acuarios hallan su sitio varias exposiciones dedicadas a las exploraciones: en este caso ilustrado las expediciones árticas.

Museo Oceanográfico

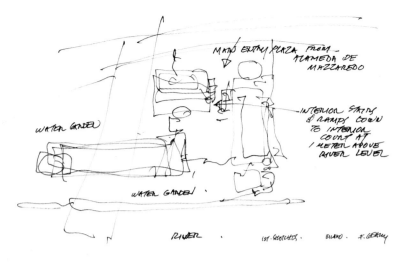

Museo Guggenheim

BILBAO, ESPAÑA

El museo Guggenheim de Bilbao, que se ha convertido en el símbolo de un modo nuevo de concebir la arquitectura museística es, sin duda, uno de los ejemplos más célebres del cambio sucedido en la proyección de los museos destinados habitualmente a las exposiciones de arte contemporáneo. Estos necesitan, debido a la exposición de obras de gran tamaño, de espacios y edificios más amplios: del *white cube,* que es un edificio aséptico con la única función de contener y exponer, se pasa a la espectacularidad arquitectónica más vistosa y sugerente del museo como obra de arte.

El valor simbólico de este museo está naturalmente ligado al aura de fama internacional de la Fundación Guggenheim, de la que forma parte: a partir de la sede principal del Solomon de Nueva York y siguiendo la dirección innovadora de Thomas Krens, la Fundación Guggenheim se ha convertido en sinónimo de divulgación y expansión del arte contemporáneo en el mundo, en plena línea con el llamado fenómeno de la globalización.

Inaugurado en 1997, es parte de un proyecto nacido para reconvertir un viejo terreno industrial en desuso, dentro de un plano urbanístico iniciado en 1998 que se proponía recuperar la ciudad de Bilbao y su provincia en general. Los intentos de reconstrucción urbanística y de identidad de esta ciudad encontraron felizmente la voluntad de la Fundación Guggenheim de reforzar las propias políticas económicas y culturales.

142 Desde estos primeros bocetos para la preparación del proyecto, se aprecia ya la estructura general del museo; arriba, una primera planimetría presenta la colocación e integración del museo en el contexto urbano, respecto al río Nervión y al puente de La salve; abajo, en un bosquejo inicial, Gehry pone de manifiesto volumetrías y formas irregulares del futuro museo visto desde el norte.

142-143 El museo es aún más espectacular y escenográfico de noche: las paredes, recubiertas con finas láminas de titanio, y debido a un teatral sistema de iluminación, crean sugestivos juegos de luz.

143 abajo En este boceto que dibuja los diseños preparativos, se manifiesta la creatividad a través de un trazo de las líneas irregulares y sinuosas, permitiendo al arquitecto plasmar en el papel una primera idea del edificio, que después se concretará con el uso de un software muy elaborado de proyección.

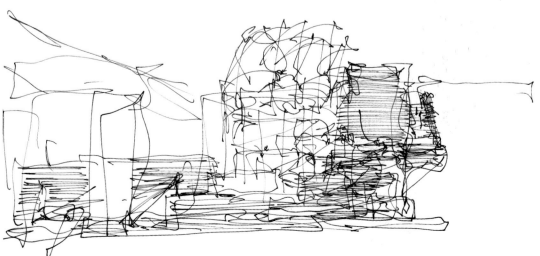

144 y 145 centro Los entrelazados de las sinuosas paredes de titanio y los juegos volumétricos ponen de relieve la dinámica fuerza escultural del edificio, cuya percepción con la luz solar es totalmente diferente de la nocturna.

145 arriba La entrada principal se hace por un fascinante pasaje que obliga a enfrentarse a la espectacular monumentalidad de la arquitectura. La aparente fluidez de las paredes, alimentada por la irregularidad de las volumetrías, resalta la plasticidad característica de los proyectos de Gehry, creando la sensación de un edificio en movimiento.

145 abajo Las paredes revestidas con placas de titanio se alternan con cristaleras que dejan pasar la luz natural en los espacios expositivos. Las partes estructurales denotan un movimiento curvilíneo, una alusión en clave moderna a un virtuosismo «barroquizante».

Museo Guggenheim

146 El amplio atrio es uno de los ambientes internos más iluminados del Museo Guggenheim de Bilbao: la luz natural se filtra cenitalmente gracias a un vasto lucernario acristalado, colocado por Gehry en el que, incluso desde el exterior, se percibe como la parte más elevada de todo el edificio.

147 A su entrada al museo, los visitantes son acogidos por un amplio atrio a través del cual se accede a los diversos pisos del museo y niveles expositivos: desde aquí, las ya imponentes dimensiones del edificio crean una sensacional percepción de los espacios, alimentada por el converger de líneas y paredes imaginarias.

Museo Guggenheim

Entre los proyectos participantes en el concurso abierto para la realización del museo, ganó el de Frank O. Gehry sobre otros nombres importantes de la arquitectura, entre los que se encontraban Arata Isozaky y la Coop. Himmelblau. Para la metodología del proyecto, Gehry utilizó un software de proyecto y cálculo decididamente avanzado: el programa Catia, creado por la industria aeronáutica y utilizado también para el proyecto de algunos aviones militares franceses. Este programa particular le permitió dar vida a un edificio de innumerables superficies curvilíneas e irregulares que contribuyen a transformarlo en una especie de catedral contemporánea de increíble fuerza escultórica.

El edificio está revestido de alrededor de 30.000 láminas que proceden de 60 toneladas de titanio extraídas en Australia, fundidas en Francia, laminadas en Pittsburgh y acabas por fin en Gran Bretaña e Italia para alcanzar un espesor de 0,3 milímetros. Las láminas fueron colocadas después de modo que se alteren y muevan lentamente según la presión del viento. La ubicación del museo aumenta más su impacto, ya que se encuentra en la orilla del río Nervión junto a un lago artificial, y los juegos de luces en el agua crean reflejos sobre las luminosas láminas de titanio que hacen de envoltorio de la construcción.

El efecto desde el exterior es el de un material de aspecto casi fluido, líquido, que no sólo se mueve sino que además

Museo Guggenheim

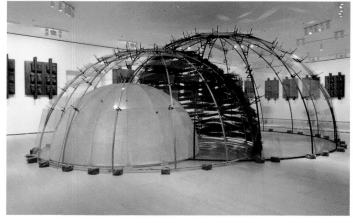

cambia de color y matiz dependiendo del cambio de las condiciones climáticas o la luz del sol en las diversas fases del día. La estructura interna del edificio, dividido en tres niveles de pisos expositivos y un cuarto piso añadido para los sistemas de acondicionamiento, comprende un enorme atrio de alrededor de 50 metros de alto, iluminado por la luz natural procedente de amplias cristaleras que se orientan al río; alrededor del atrio se despliegan las alas con alrededor de 19 salas expositivas con formas diversificadas, unidas al atrio por una serie de pasarelas curvilíneas suspendidas, ascensores de vidrio y torres de escaleras. Por encima, la enorme bóveda rebajada que presenta aberturas irregulares por las que entra la luz cenital.

El museo comprende, entre las obras expuestas, una colección permanente dedicada en parte a artistas españoles y vascos contemporáneos, y una amplia colección de importantes obras y artistas internacionales del siglo XX y XXI, enriquecida según el calendario de las muestras temporales, por obras procedentes de otras sedes de la Fundación Guggenheim. Entre las numerosas obras expuestas hay trabajos de importantes protagonistas del arte contemporáneo, como Richard Serra, Mark Rothko, Robert Rauschenberg, Jean Michel Basquiat y Christian Boltansky. Frente a la entrada se encuentra la enorme escultura *Puppy,* el perrito totalmente revestido por flores estacionales del artista Jeff Koons, y las exposiciones permanentes de Jenny Holzer, Louise Bourgeois, Ives Klein y Fujiko Nakaya.

Centro de loas exageradas y de feroces polémicas, debido a su carácter de obra de arte en competencia con las obras de arte que debiera sólo exponer y revalorizar, el museo Guggenheim de Bilbao queda como un increíble ejemplo de proyecto complejo y eficaz, no sólo símbolo de un nuevo modo de proponer y pensar los espacios para el arte, sino también de la misma historia de la arquitectura contemporánea.

148 arriba Tres Venus españolas rojas de Jim Dine (1997) es obra de uno de los protagonistas del Pop Art norteamericano, cuya característica principal, en origen, fue indagar en la sociedad del consumo de masas.

148 centro y abajo En el Wall Drawing n. 831 *de Sol LeWitt (1997), las combinaciones geométricas delimitan cromáticamente formas no siempre regulares, modificando la conexión de visitante y sala.*

148 Centro y abajo Ciudad irreal de Mario Merz (1985) es uno de lo célebres iglús realizados por el artista. Tal temática, una de las predilectas de Merz, se propone como reflexión sobre el hombre, el arte y la sociedad.

148 abajo y 149 Un amplio espacio está dedicado a las instalaciones, como el monumental Snake de Richard Serra (pág. 149), y Labyrinth de Richard Morris (pág. 148 abajo), que llaman al visitante a interactuar con la obra.

150-151 y 150 abajo La majestuosa fachada del Museo del Prado de Madrid, proyectada por el arquitecto Juan de Villanueva, presenta características neoclásicas, como el importante pórtico dórico del que surgen las dos amplias columnatas jónicas, delante de las cuales está situada la escultura dedicada a uno de los más importantes pintores españoles, Diego Velázquez.

151 arriba En presencia de los Zancos y la Gallina ciega, un público juvenil es guiado al descubrimiento de otro de los más grandes maestros españoles, Francisco de Goya.

151 abajo La admiración del arquitecto Juan de Villanueva por la obra de Palladio surge en muchos trazos del Prado, como demuestra la pureza neoclásica de esta cúpula.

Museo del Prado

MADRID, ESPAÑA

La historia del Museo del Prado comienza con el rey Carlos III de España quien, aconsejado por Antón Rafael Mengs, pintor de la corte y consultor de las artes, quiso dar a la ciudad de Madrid una disposición digna de una capital europea tanto desde el punto de vista urbanístico como desde el cultural. Por tanto decidió en 1775 encargar al arquitecto neoclásico Juan de Villanueva la construcción de un museo dedicado a las ciencias naturales situado en el prado (el paseo del prado, precisamente), donde los madrileños disfrutaban de largos paseos, en la zona contigua al Palacio del Buen Retiro. Villanueva utilizó, para la construcción, materiales locales procedentes de la Sierra de Guadarrama, como el granito para puertas, ventanas y columnas , y la caliza blanca de Colmenar para los cimientos. El arquitecto insertó en el edificio neoclásico elementos tomados de las villas palladianas que admiró intensamente en su viaje a Italia, y alrededor del museo debieran haberse levantado el Jardín Botánico, un observatorio astronómico y un laboratorio químico. Los trabajos se terminarán por fin bajo el reinado de Fernando VII, durante la sangrienta Guerra de la Independencia. El edificio fue utilizado como cuartel por las tropas napoleónicas y fue después víctima de saqueos de materiales por parte de los mismos ciudadanos madrileños que querían reconstruir sus casas destruidas por la guerra. Después de la muerte de Carlos III, en los años en los que su sucesor Carlos IV afrontaba políticamente las repercusiones de la Revolución Francesa, se empezó a pensar en la realización de un museo que compitiera con el Louvre parisino, donde se recogieran las colecciones reales. Este proyecto encontró una primera sede en el palacio de Buenavista, con el nombre de Museo Josefino, derivado del soberano José I Bonaparte. Fue en 1814, por voluntad de Fernando VII a sugerencia del Consejo o de la reina Isabel de Braganza, cuando el palacio de Villanueva en el Prado fue transformado en el «Museo real de pintura y escultura», formado por las colecciones reunidas durante siglos por los reyes españoles.

Los trabajos de reestructuración del edificio y la decoración de los interiores terminaron alrededor de 15 años después: el museo abrió el 19 de noviembre de 1829 pero, la reina Isabel considerada como la fundadora real del Prado, murió antes de poder ver concretarse este sueño. El museo asumió su actual nombre, Museo del Prado, y en 1868 pasó oficialmente de colección real a museo nacional.

Además de obras recibidas del Museo de la Trinidad, otras obras recibidas de iglesias y museos de Madrid después de la Guerra Civil, y otras obras recibidas de El Escorial, el aspecto más importante del Prado es justo la evolución e historia de sus colecciones reales, testimonio tangible del gusto y la pasión por el arte de los soberanos españoles a lo largo de las diferentes dinastías, ya sea la castellana, la de Habsburgo o la Borbónica. Los reyes de España se mostraron particularmente sensibles

desde el punto de vista cultural, fomentando iniciativas de mecenazgo, encargos y adquisiciones de obras de artistas de fama internacional. Basta mencionar los lazos de Carlos V con Tiziano, de quien también Felipe II adquirió obras importantísimas como el *Autoretrato*, la *Danae* y *Venus y Adonis*, además del *Jardín de las delicias* de El Bosco y la *Deposición* de Rogier van der Weyden. A Felipe IV se le deben las 32 obras de Rubens adquiridas a la muerte del artista, además de preciosas obras de Mantegna, Rafael, Durero, Tiziano, Veronés y Tintoretto. Felipe IV fue también quien llamó a la corte al más importante pintor español de la época, Diego Velázquez, de quien el Prado custodia innumerables obras maestras, como la famosa y extraordinaria

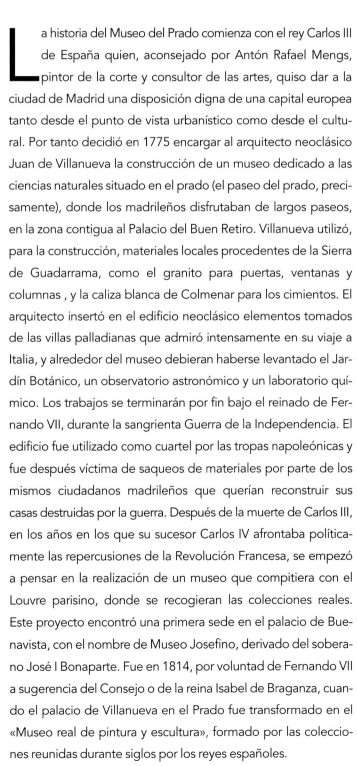

152-153 En su conjunto, la organización expositiva del Museo del Prado se mantiene sobre todo conservadora, según los esquemas más clásicos de la pinacoteca. La fotografía ilustra uno de los pasillos de la planta baja que alberga la riquísima colección de pintura italiana, de los siglos XIV al XIX.

152 abajo Una extraordinaria reseña de obras pictóricas españolas, que van del siglo XII al XIX, se custodia en varias salas distribuidas en los tres niveles expositivos. En la fotografía vemos el largo pasillo del primer piso, en el que se pueden admirar obras de artistas como Ribera, Ribalta y Murillo.

Museo del Prado

153 arriba A lo largo de los siglos
XIX y XX fueron necesarios trabajos
de ampliación de los espacios del
museo. En 1927, la antigua bóveda
de la larga y amplia galería central
fue sustituida y reconstruida en
cemento, mientras que en 1945 se
realizó la nueva escalinata de acceso
al primer piso.

153 abajo La rica colección de
escultura del museo comprende
estatuas, bustos, relieves,
columnas y fragmentos de lápidas
griegas y romanas. La colección de
antigüedades, que perteneció en
origen a Cristina de Suecia, fue
adquirida por Felipe V en el siglo
XVIII.

tela *Las Meninas*. Su heredero, Carlos II, logró sustraer la pinacoteca real a su ávida mujer que reclamaba su propiedad mediante un vínculo jurídico que después se aplicó a todas las colecciones reales. Felipe V añadió otras adquisiciones de Tiziano, Rafael, Poussin, Orazio y Artemisia Gentileschi. Carlos IV estuvo muy
vinculado al gran artista Francisco de Goya, de quien el Prado
conserva un centenar de obras maestras, como el célebre *Fusila-
miento*, o los retratos de la *Maja vestida* y la *Maja desnuda*, y la
serie de cartones para los tapices de la Real Fábrica de Santa
Bárbara.

Las obras de Domenikos Theotokòpulos, llamado El Greco,
a quien el Museo dedica una sala entera no están ligadas a
encargos reales y provienen de instituciones religiosas prohibi-
das y, más recientemente, adquiridas por el Prado.

Museo Nacional Reina Sofía

MADRID, ESPAÑA

El Reina Sofía representa, junto al Prado, uno de los museos más importantes de la ciudad de Madrid y de toda España. Inaugurado el 1 de septiembre de 1992 por su majestad real Juan Carlos y la reina Sofía, el Museo Nacional y Centro de Arte Reina Sofía nació inicialmente como un lugar de muestras temporales, pero con el tiempo obtuvo y amplió sus colecciones por lo que surgió como sede museística efectiva. El edifico en el que se encuentra la sede está en pleno centro urbano, no lejos de la Plaza de Cibeles, y se trata de un palacio encargado al arquitecto Francesco Sabatini a quien, en la segunda mitad del siglo XVIII, se le solicitó proyectar un nuevo hospital para la ciudad, el San Carlos. Un decreto de 1977 declaró al edificio Monumento de valor histórico-artístico, desestimando la hipótesis de quienes planteaban incluso su demolición. En la década de 1980 comenzaron los trabajos de reestructuración, inicialmente bajo la dirección de Antonio Fernandez Alba, y después bajo la supervisión de Antonio Vázquez de Castro. Las espectaculares torres acristaladas que contienen los ascensores para el acceso a las plantas del museo llevan, sin embargo, la firma de la colaboración con el arquitecto británico Ian Ritchie.

En 1986 se inauguró el Centro de arte Reina Sofía, todavía sin estar dotado de una colección permanente, y dirigido en principio por Carmen Giménez, directora del Centro Nacional de Exposiciones, dependiente del Ministerio de Cultura. En 1988 fue cuando el museo dio un gran vuelco al asumir un papel de mayor prestigio e importancia gracias al decreto real en el que se le declaraba Museo Nacional, como sustituto del antiguo MEAC, Museo Español de Arte Contemporáneo. Se nombró director a Tomás Llorens, siendo sustituido en 1990 por María del Corral, y sucesivamente en 1994 fue director José Guirao Cabrera. El decreto de 1988 declaraba también que el museo había adquirido, para sus colecciones, el patrimonio del precedente MEAC y que, hoy día, debía llevar adelante una política de adquisición de nuevas obras, además de la posibilidad de recibir del Museo del Prado todas las obras relativas a la producción artística del siglo XX, entre ellas la célebre pintura de Pablo Picasso, *Guernica* de 1937, una de las obras más conocidas y emblemáticas del Museo. Otras importantes obras fueron, por el contrario, fruto de donaciones privadas, en algunos casos procedentes de los mismos artistas, como fue el caso de Salvador Dalí.

Gran parte de las obras de artistas españoles, entre ellas obras extraordinarias de Joan Miró, fueron sin embargo adquiridas por el decreto legislativo de 1985 publicado para revalorizar y aumentar el arte nacional. La ordenación actual del Reina Sofía presenta un aspecto todavía más moderno y de gran impacto,

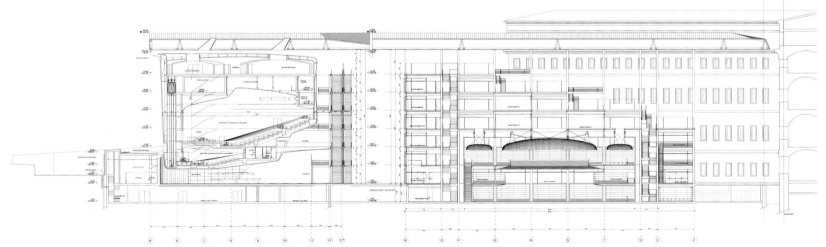

154 arriba Salvado de la demolición por su valor arquitectónico, hoy el Museo Reina Sofía es un centro actualizado para obras como el Guernica de Picasso, antes conservado en el Prado.

154 abajo La bandera nacional española ondea junto a una de las dos torres de circulación, de 35 metros de altura, que fueron realizadas en el exterior del palacio setecentesco.

154-155 y 155 abajo Anexos transparentes y minimalistas han rediseñado la fachada del antiguo hospital, cuyo proyecto de reestructuración y ampliación (abajo) tuvo como objetivo general también la recalificación de la plaza contigua y del barrio de Atocha. En particular se pretendió hacer más inmediato el contacto del público con la arquitectura y con el ambiente.

Museo Nacional Reina Sofía

firmado por Jean Nouvel. De hecho, fue el famoso arquitecto francés quien ganó el concurso de 1999 para un proyecto de ampliación de los espacios del museo, que habían quedado escasos e inadecuados. Nouvel creó una ampliación considerable de gran impacto que fue inaugurada en octubre de 2005. Los trabajos, que duraron alrededor de cuatro años, llevaron a la realización de una nueva ala triangular constituida por tres edificios conectados entre sí y con la parte ya existente, entre las que el arquitecto ha querido crear una especie de patio cubierto. En estos nuevos, amplios y sugerentes espacios han sido ubicados el auditorio, la biblioteca y las nuevas zonas de exposición, que acrecientan la estructura precedente en más del doble de su superficie.

Al aumentar el impacto de estas nuevas estructuras contribuye la utilización de materiales innovadores, como el compuesto en fibra de vidrio y poliéster que recubre el cuerpo del auditorio con un rojo flamante. En el Reina Sofía podemos admirar una de las colecciones europeas más importantes de arte del siglo XX, que abarcan no sólo la ya citada obra maestra de Picasso, nacida como reacción a la violenta carnicería de Guernica en 1937, y las colecciones de obras de Dalí y Miró, sino también obras de importantes artistas españoles, como José Gutiérrez Solana, Pablo Gargallo, Julio González, Juan Gris, o internacionales como Sonia y Robert Delaunay, Jacques Lipchitz, Alexander Calder, hasta el minimalismo americano de Ellsworth Kelly, Donald Judd y el conceptualismo de Bruce Nauman.

Además, gracias al nuevo aspecto diseñado por Jean Nouvel, puede albergar en su interior nuevos espacios, muestras temporales y ejercer su función de sede de exposiciones con acentuado papel de promoción, estudio y valoración de las producciones artísticas más contemporáneas.

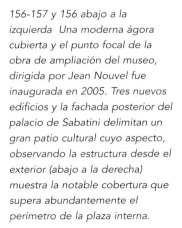

156-157 y 156 abajo a la izquierda Una moderna ágora cubierta y el punto focal de la obra de ampliación del museo, dirigida por Jean Nouvel fue inaugurada en 2005. Tres nuevos edificios y la fachada posterior del palacio de Sabatini delimitan un gran patio cultural cuyo aspecto, observando la estructura desde el exterior (abajo a la derecha) muestra la notable cobertura que supera abundantemente el perímetro de la plaza interna.

156 abajo a la derecha y 157 arriba En la extensión de Nouvel, el rojo vivo es el color dominante. Las partes adjuntas sobre el proyecto del arquitecto francés comprenden un bar y un restaurante (abajo a la derecha) dotado de una espectacular cobertura, y dos auditorios (arriba), con una capacidad de 450 y 200 plazas. La ampliación, en su conjunto, ha hecho del Reina Sofía uno de los museos de arte contemporáneo más grandes y articulados del mundo.

158-159 No hay duda de que la realización de Calatrava ha dado vida a uno de los espacios culturales más impresionantes en la historia de la arquitectura. Verdaderamente, las estructuras de Calatrava, llamadas «orgánicas», se multiplican gracias a juegos de reflejos y perspectivas, creando la ilusión de una arquitectura viviente y en cambio permanente, impresión aumentada por el hecho de que algunos elementos estructurales son móviles.

158 abajo La larga «espina dorsal» del Museo de la Ciencia se extiende hacia el Palacio de las Artes, cuya silueta hemisférica se observa a la derecha de la imagen.

159 arriba Además del Hemisferio (primer elemento de la «Ciudad» en ser terminado) el Museo de las Ciencias fue inaugurado en el 2000. Abajo, l'Umbracle es un paseo-aparcamiento sobre dos niveles, la más reciente contribución de Calatrava a la Ciudad de las Ciencias, en 2001.

Ciudad de las Artes y las Ciencias
VALENCIA, ESPAÑA

La Ciudad de las Artes y las Ciencias está formada por un extraordinario complejo arquitectónico, innovador y de vanguardia que alberga cinco estructuras diferentes dedicadas principalmente a tres áreas temáticas: Arte, Ciencia y Naturaleza. Situada en Valencia, en el lecho que recorrían antes las aguas del río Turia, tiene una extensión de alrededor de 350.000 m². Los proyectos realizados para dar vida a este centro polivalente nacieron también del interés de revalorizar y relanzar como meta turística a la ciudad de Valencia y, en particular, esta extraordinaria zona verde. El proyecto de redefinición y transformación de la zona del Turia en un parque se realizó entre 1981 y 1988, sobre un proyecto del arquitecto Ricardo Bofill, quien recreó en Valencia alrededor de 8 km, de este a oeste, de recorridos de pistas para bicicletas,

jardines e instalaciones deportivas, dando vida a un nuevo centro vital frecuentado con placer y entusiasmo por los ciudadanos.

Hoy día han triunfado las estructuras del polo museístico, cuya construcción comenzó en 1996 proyectada por el arquitecto valenciano Santiago Calatrava, quien supo realizar un ejemplo de alto nivel cualitativo de arquitectura contemporánea, respetando también el medio ambiente y consiguiendo armonizar las construcciones con el espíritu mediterráneo de la ciudad, sobre todo en el uso de la luz, en el juego de colores entre el blanco intenso del cemento y el azul del cielo y de los espejos de agua. Los edificios son muy diferentes entre sí pero muy armónicos. El Palacio de las Artes Reina Sofía, inaugurado en el 2005, es un edificio monumental, de más de 75 m de alto y una

Ciudad de las Artes y las Ciencias

*160 El Museo de las Ciencias
Príncipe Felipe, la estructura más
grande del complejo, abarca más de
30.000 m² divididos en tres pisos. El
estilo innovador de Calatrava se
exprime al máximo en los espacios*

*públicos: claro y luminoso, presta
atención al aspecto visual de la
arquitectura, haciendo un uso
magistral del rigor de ingeniería
necesario para realizar obras
reconocibles rápidamente.*

*161 La inspiración en las formas de
la naturaleza es muy evidente en el
Museo de las Ciencias, donde el
anticuado concepto del «no tocar»
ha sido superado con la total
interactividad de las exposiciones.*

superficie de 40.000 m², dedicado a la creación, promoción y difusión de todas las artes contemporáneas, que comprende tres auditorios, uno de ellos al abierto, encerrados en su interior por dos caparazones simétricos realizados en cemento. El Palacio está unido con los otros edificios por el Puente Mirador, también obra de Calatrava. L'Hemisfèric, inaugurado en 1998, presenta por el contrario la sugerente forma de un ojo humano sobredimensionado, completado en parte por el reflejo del estanque situado debajo. Su extensión es de más de 24.000 m² y alberga el planetario.

L'Umbracle, inaugurado en el 2001, contiene el parque cubierto, y desde el segundo piso, el más alto, permite al visitante contemplar una extraordinaria panorámica del *Paseo de las esculturas* y ver el resto de edificios. L'Oceanogràfic, abier-

to en 2003 y obra del arquitecto Félix Candela, es uno de los acuarios más grandes de Europa; se extiende, al aire libre, sobre una superficie de 110.000 m², y permite en su interior espectaculares paseos entre los acuarios y las más de 40.000 especies contenidas. Quizá el más fascinante de estos complejos arquitectónicos sea el enorme y espléndido edificio, obra de Calatrava, que recuerda un esqueleto de dinosaurio abandonado, y en esto se revela como un ejemplo emblemático del deseo del arquitecto español de crear edificios similares a las formas de criaturas vitales y vivas. Se trata del Museo de la Ciencia dedicado al Príncipe Felipe inaugurado en el año 2000. Es un museo muy amplio, desarrollado sobre tres plantas, cada una de alrededor de 8.000 m², que en total ocupa más de 30.000 m² de superficie. El edifico se articula a lo largo y presenta una planta rectangular, en

Ciudad de las Artes y las Ciencias

162 Una vista del interior del Museo de las Ciencias evidencia la importancia dada a la visión de Calatrava a la estructura portante, que forma virtualmente toda la parte visible de la obra.

163 arriba Como muestra esta escalera móvil, la fácil apertura es típica de las obras de Calatrava, aunque no siempre evidente, dada la complejidad de las líneas proyectadas y de los volúmenes.

163 abajo Nervios de tendones manifiestan el interés del arquitecto por la anatomía: al límite de la estabilidad, la estructura conserva la perfecta eficiencia de la extremidad y del órgano.

la cual se encuentra una amplia sala de exposición. La estructura interna en cemento se sostiene en cinco monumentales columnas en forma de árbol, en cuyo interior están las escaleras y ascensores de acceso a los pisos superiores. Una de sus características principales es la del juego de reflejos que se crea entre las transparencias de las amplias vidrieras y el agua del estanque circundante. El impacto estético consecuente es el de encontrarse ante una estructura frágil y monumental a la vez, como si pareciera el «esqueleto» estructural del museo. En el interior, el museo ofrece exposiciones didácticas de temas científicos, relativos a los campos de investigación de la biología y la física, hasta el ámbito de la historia de la técnica y la comunicación. En las muestras didácticas se utilizan mucho las tecnologías multimedia interactivas, fruto de una política para envolver y formar a los visitantes. Tanto desde un punto de vista arquitectónico, como desde el punto de vista de un activísimo centro cultural y museístico, la Ciudad de la Ciencia y las Artes de Valencia es verdaderamente un lugar de muchísimo interés.

164-165 Visto desde el
Umbracle, el museo de las
Ciencias (delante del cual hay un
árbol de Navidad) parece
inextricable con el mismo puente,
pasando así a componer
visualmente una nueva estructura.

La misma sensación de
multiplicación de los cuerpos
arquitectónicos realmente
existentes se presenta al
observador en muchos otros
puntos de la Ciudad de las Artes
y de las Ciencias.

165 En la concepción del Museo
de las Ciencias, la elección de la
forma es prioritaria respecto al
cálculo de ingeniería: la
tridimensionalidad se desarrolla
alrededor del diseño mismo,
aplicando después las técnicas de

la ingeniería civil más avanzada a
las redes de las nervaduras, cuya
omnipresencia nunca es obsesiva.
El uso de los colores claros es el
toque final, que aligera el
conjunto y lo priva de cualquier
pesadez.

Ciudad de las Artes y las Ciencias

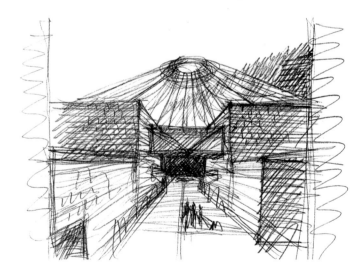

Mart

ROVERETO, ITALIA

El Mart, Museo de Arte Moderno de Trento y Rovereto, es uno de los museos de arte moderno y contemporáneo más famosos de Italia. Realizado con un proyecto firmado por el célebre arquitecto suizo Mario Botta, en colaboración con el ingeniero de Rovereto, Giulio Andreolli, fue inaugurado y abierto al público en 2002. El edificio surge en una delicada ubicación en Rovereto, entre las montañas y la avenida Bettini, una de las principales vías que llevan al centro histórico, y su situación no es perceptible inmediatamente, sino a través de una pequeña calle de acceso que desvela la situación escondida respecto a la avenida, y que conduce a la entrada del museo a través de un inmenso atrio situado debajo de una cúpula espectacular.

Una de las dificultades encontradas por el arquitecto fue la de insertar un edificio tan amplio y deliberadamente moderno en el interior de un contexto urbano artístico, cercano a importantes palacios como el palacio Alberti y el Palacio dell'Annona, desde donde es posible, a la vez, admirar el paisaje de colinas y montañas circundantes. El espacio particularmente sugerente del Mart se observa desde la plaza de la entrada, verdadero y propio corazón del complejo museístico, pensada como un ágora en clave contemporánea capaz de albergar más 1200 personas gracias a sus 40 metros de diámetro. En la parte superior de ésta se encuentra la cúpula vítrea jalonada de rejillas de acero, de 25 metros de alta y caracterizada por una apertura circular en el centro, que le hace parecer todavía más un Panteón antiguo ritualizado. Al centro de este amplio espacio que acoge a los visitantes se encuentra también la fuente circular, a menudo rodeada de instalaciones o esculturas, como las antropomórficas del artista

166 arriba En su nueva función, proyectada por Mario Botta y Giulio Andreolli e inaugurada en 2002, el complejo del Mart comprende también las sedes de la biblioteca cívica, el auditorio y un edificio destinado a las

actividades expositivas y culturales del ayuntamiento. En sí misma, la denominación del complejo del Mart es la de Museo de Arte Moderno y Contemporáneo de Trento y Rovereto.

166 centro abajo Del boceto de Botta y de las secciones del proyecto del museo se constata cómo el arquitecto dio forma al edificio a través de la composición de volumetrías fuertemente geométricas,

desarrolladas alrededor de un amplio espacio semiabierto que constituye la plaza de acogida y acceso; «una pasarela suspendida» enlaza las dos alas semicirculares del museo.

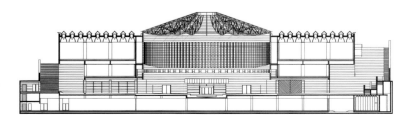

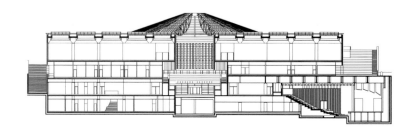

166-167 y 167 abajo Las esculturas de Mimmo Paladino, artista del movimiento italiano de la Transvanguardia, fueron colocados temporalmente en los primeros años de la apertura del museo, alrededor de la fuente circular en el centro de la plaza, como para acoger a los visitantes y realzar el amplio espacio de la plaza cubierta del Mart.

168-169 En el último y el penúltimo de los tres niveles sobre los que se distribuyen los espacios del Mart, se encuentran los ambientes donde están dispuestas las muestras.

168 abajo a la derecha El recubrimiento exterior, jalonado de losas en piedra amarilla de Vicenza, no sólo permite a la luz natural filtrarse en los espacios internos, sino que da también al visitante la posibilidad de observar el espacio exterior.

168 abajo a la izquierda En la entrada se encuentran los servicios de acogida a los visitantes.

169 Desde el atrio se accede a la escalinata de dos rampas simétricas que conduce a las salas expositivas y al sótano donde están el archivo y la biblioteca.

Mart

Mimmo Paladino, dispuestas escenográficamente durante los primeros meses de apertura, que después han encontrado ubicación en la exposición permanente. El edificio entero está revestido externamente con losas en piedra amarilla de Vicenza, y se caracteriza por una forma semicircular con continuas aperturas verticales que no marcan el ritmo y que permiten a la luz natural, proveniente de la cúpula y de la amplia claraboya, filtrarse también en los espacios internos, creando juegos teatrales de luces que cambian según los diversos momentos del día. El interior está dispuesto sobre cuatro amplios niveles, de los que dos constituyen los espacios de exposición a la colección permanente y a las muestras temporales, y los otros dos están dedicados a oficinas, a ambientes destinados a las actividades didácticas, biblioteca y archivo.

La colección permanente del Mart está constituida por alrededor de 7.000 obras entre pinturas, diseños y esculturas, y se ha formado con los años gracias a una sucesión continua de adquisiciones, pero sobre todo a las donaciones de colecciones privadas. La parte más importante y consistente de este patrimonio está constituida por el núcleo de obras futuristas, en particular las ligadas a la producción del artista Fortunato Depero, de Rovereto, de quien el museo conserva alrededor de 3.000 obras preciosas. Gran parte del archivo del siglo XX está unido al ámbito de la vanguardia futurista italiana, cuyos fondos están conservados en la planta subterránea del museo. Además del archivo Fortunato Depero, están los archivos dedicados a otros importantes artistas, como Gino Severini, Carlo Carrà, Thayaht (seudónimo de Ernesto Michahelles), alrededor de los cuales se levanta el Centro Internacional del Futurismo. En lo que se refiere a la colección general de obras novecentistas, la colección permanente del museo permite recorrer importantes momentos de desarrollo del arte novecentista italiano, como producciones contemporáneas de fama internacional. Para representar al arte italiano del siglo XX hay también obras de Mario Sironi, Giorgio Morandi, Fausto Melotti, Giorgio De Chirico, Felice Casorati, y Emilio Vedova. Adquisiciones más recientes han permitido sin embargo la presencia de artistas del Pop Art norteamericano, provenientes de la colección neoyorquina de Ileana Sonnabend,

con Andy Warhol, Robert Rauschenberg y Roy Lichtenstein, además de las obras de artistas contemporáneos internacionales como Bruce Nauman, y Richard Long, y también del movimiento italiano del Arte Pobre, con obras de Giulio Paolini, Alighiero Boetti y Mario Merz. En exposición hay también importantes obras de la colección Panza di Biumo, principalmente de artistas americanos de las décadas de 1980 y 1990.

Además de la sede principal, el Mart, como museo de arte moderno y contemporáneo de Trento y Rovereto nacido en 1987, es un complejo museístico que gestiona también otras dos sedes: el renacentista Palazzo delle albere de Trento y la casa-museo de Fortunato Depero en Rovereto.

Mart

170 arriba Michelangelo Pistoletto es uno de los artistas más representativos del movimiento artístico denominado Arte Pobre, nacido en Italia en la década de 1960. Uno de sus trabajos, presentes en las salas del Mart de Trento y Rovereto, es la Orquesta de Trapos, en la fotografía.

170 centro y abajo La colección permanente del Mart ofrece una panorámica de algunos de los más importantes movimientos del siglo XX y XXI. El arte italiano está representado sobre todo por la consistente colección de obras del Futurismo, pero también por la presencia de obras del Arte Pobre.

170-171 La grandeza de los espacios expositivos permite exponer y realzar obras e instalaciones de amplias dimensiones como la que vemos en primer plano en la fotografía realizada por el artista británico Richard Long (1945), uno de los máximos exponentes de Land Art.

171 abajo La presencia de la colección Panza di Biumo permite admirar obras de artistas del contemporáneo, principalmente norteamericanos, menos conocidos por el público italiano, entre ellos Peter Shelton, Roni Horn, Lawrence Caroll, David Simpson, Max Cole, Stuart Arnds y Ford Beckman.

172 Una de las características que hacen del Palacio de los Uffizi una joya arquitectónica es la galería que recorre el último piso de los tres brazos del edificio de Vasario, alrededor del patio interno, hasta encarar el Paseo del Arno.

173 La estancia abierta que aparecía en el originario proyecto vasariano fue adaptada a las exigencias del gran duque Francisco I, que hizo incorporar algunas modificaciones para después transferir en 1581 las primeras colecciones de estatuas.

Galería Uffizi

FLORENCIA, ITALIA

Los Uffizi representan uno de los más célebres ejemplos de edificio ideado deliberadamente para la función museística, fuertemente unido a los avatares de la familia de los Medici y al fermento cultural que siempre caracterizó a la corte florentina.

Cosimo I, convertido en duque en 1534 con sólo 18 años, fue autor de una serie de reformas destinadas a revalorizar su ciudad, especialmente la Piazza della Signoria y las zonas circundantes. Fue de hecho él mismo quien decidió dar vida a los «Uffizi», un edificio destinado a convertirse en sede –su primera planta– de los asuntos ciudadanos, y a acoger y exponer, en su segunda planta, colecciones de importancia histórico-artística de la familia Medici. La proyección del palacio fue encargada al célebre pintor y arquitecto Giorgio Vasari, quien comenzó la realización en 1560. El edificio, situado al sur de la plaza de la Sig-

noria y en parte mirando al río Arno, se construyó totalmente en piedra gris: la estructura en forma de U, con los brazos unidos a través de los edificios que ya existían de la Zecca Vecchia y la Loggia dei Lanzi. Siempre por deseo de Cosimo I, con motivo de las bodas de su hijo Francisco con Juana de Austria, Vasari proyectó una calle elevada que comunicaba el Palazzo Vecchio y el Palazzo Pitti. De este modo, el arquitecto dio vida, en sólo seis meses, al misterioso corredor «vasario», extraordinario pasadizo que permitía a los grandes duques moverse con seguridad y pasar del Palazzo Vecchio, recorriendo la galería, el Ponte Vecchio y el barrio de Oltrarno, para llegar a la mansión del Palazzo Pitti.

A Vasari se debe sin embargo sólo la parte superior del edificio, aunque después de su muerte en 1574 año en el que también murió su mecenas, fue Buontalenti quien terminó la

174-175 Por deseo de Francisco I, la estancia del último piso fue dispuesta para la realización de una galería destinada a acoger estatuas antiguas, retratos de la familia Medici y de hombres ilustres. En 1579-1581 la bóveda de la galería fue decorada con frescos de motivos grotescos, inspirados en la pintura mural romana y en particular de la Domus aurea de Nerón.

174 abajo La galería, llamada también Corredor de Levante, fue objeto de una precisa restauración en 1996, que ha restituido el esplendor de la decoración y los techos pintados con frescos por encargo de Francisco I, cuando hizo colocar aquí la serie de esculturas antiguas, alternadas con una reseña de bustos de hombres ilustres de la familia Medici.

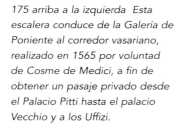

175 arriba a la izquierda Esta escalera conduce de la Galería de Poniente al corredor vasariano, realizado en 1565 por voluntad de Cosme de Medici, a fin de obtener un pasaje privado desde el Palacio Pitti hasta el palacio Vecchio y a los Uffizi.

175 arriba a la derecha Uno de los escorzos más emocionantes que los Uffizi –por otra parte generosos en magnificencias arquitectónicas– pueden ofrecer es el de la Loggia del piso noble de la Galería.

175 abajo La sala de la Niobe (1779-1780) de Gaspare Paoletti, fue destinada a acoger la exposición de estatuas procedentes de la Villa Medici y las telas de Rubens que representan las historias de Enrique IV.

construcción por encargo de Francisco I, y los Uffizi se completaron en 1580. A Buontalenti se debe la Porta delle Suppliche (Puerta de las súplicas), célebre debido a su invención particular del tímpano curvilíneo entrecortado (tímpano *spezzato*), y sobre todo por la construcción de la tribuna, un edificio de planta octogonal pensado para acoger los tesoros de las colecciones de los Medici, y la proyección del teatro de los Medici, transformado después parcialmente en galería de exposiciones. La decisión de colocar la galería de obras de arte en la larga estancia del último piso fue tomada por Francisco I en 1851. La gale-

ría, pintada con frescos de motivos grotescos, fue destinada a acoger estatuas antiguas y una revista de retratos de la familia Medici. También su sucesor y hermano Fernando fue un hombre de cultura, que contribuyó al aumento de la galería con la «Gioviana», colección de efigies y pinturas de personajes ilustres, y con la sala de mapas geográficos y otra sala de matemáticas. Así mismo se debe a Fernando la institución en 1588 de la manufactura de las «Pietre Dure» (taller de las piedras) y de la nueva entrada sobre un proyecto de Zanobi del Rosso. Después de casi medio siglo de estancamiento, la galería volvió a crecer

176-177 Las decoraciones grotescas de la bóveda del primer corredor, ricas con eruditas referencias mitológicas, fueron empezadas por Antonio Tempesta, pero sucesivamente continuadas por Alessandro Allori, ayudado por Ludovico Buti, Giovanmaria Butteri, Giovanni Bizzelli y Alessandro Pieroni. La galería, iniciada por Francisco I, fue enriquecida por su hermano Fernando I con la colección «Gioviana», iniciada por su padre Cosme I.

Galería Uffizi

178 arriba Los tres grandes frescos de la Sala de las Cartas Geográficas, obra de Ludovico Buti (1589), muestran cartas ideadas por Stefano Buonsignori, representando los territorios de los Medici en Florencia, Siena y Elba.

178 abajo a la izquierda La Sala de las miniaturas fue hecha construir por Fernando I a finales del siglo XVI, con una impronta similar a la de la Sala de la

Tribuna; la actual disposición se debe a Zanobi del Rosso.

178 abajo a la derecha y 179 La Sala de la Tribuna tiene forma octogonal y conduce a la Galería, o Corredor de Levante, realizado por el arquitecto Bernardo Buontalenti. La decoración está centrada en la representación de los cuatro elementos naturales.

Galería Uffizi

gracias a las adquisiciones de Cosimo III hasta llegar a la más célebre y significativa donación, la de su hija Ana Maria Ludovica que en 1737 dejó a la ciudad de Florencia una extraordinaria colección de obras de arte, regulando este acto con una disposición de testamento muy precisa que defiende todo el patrimonio como inalienable a largo plazo. Desde el punto de vista organizativo, fue el gran duque Pietro Leopoldo quien promovió la reordenación de los Uffizi y los abrió al público en 1769, tras haber encargado a Luigi Lanzi, asistente anticuario, los trabajos de ordenación de las colecciones según criterios pedagógicos para facilitar el disfrute del público. A lo largo del siglo XIX se trasladaron una serie de obras de los Uffizi al Museo arqueológico y al museo nacional de Bargueño, dada la intención de transformar la galería en un pinacoteca de hecho. También se terminó el proyecto inicial de Vasari, con la construcción de las esculturas dedicadas a los personajes ilustres toscanos coloca-

dos en 28 nichos externos. La fase novecentesca está marcada por un grave episodio: el atentado de 1993, que dañó el corredor de Vasari y parte de la galería y que hizo necesarios delicados trabajos de restauración.

Las obras que se pueden admirar en Uffizi cubren un arco cronológico que abarca desde la Antigüedad hasta la primera mitad del siglo XVIII: entre las obras maestras custodiadas en la pinacoteca hay obras emblemáticas del primer Renacimiento florentino, como obras de Masaccio, Beato Angelico, Paolo Uccello, Filippo Lippi, el Pollaiolo, y la colección más importante del mundo de Sandro Botticelli. Incluidas sus dos famosas telas *El nacimiento de Venus*, (alrededor de 1485) y la llamada *Alegoría de la primavera*, (alrededor de 1482).

La pinacoteca contiene una numerosísima colección de magníficas obras de los grandes maestros que va desde Leonardo hasta Durero, Rubens y Rembrant.

Museos Vaticanos

CIUDAD DEL VATICANO, VATICANO

Los Museos Vaticanos comprenden un inmenso patrimonio histórico-artístico, y custodian en su interior una numerosa serie de pequeños y grandes museos que testimonian la evolución de las colecciones y el mecenazgo pontificios desde la época del Renacimiento.

La secular e intensa historia de los Vaticanos comienza con el nacimiento del primer núcleo coleccionista, durante el papado de Julio II, que después de su elección en 1503 reunió y expuso una colección de esculturas en el «patio de las estatuas» imbuido por un espíritu de amor por la cultura típico del espíritu renacentista. Las esculturas antiguas *Apolo*, el *Laocoonte* y *Ariana* fueron colocadas en el patio del Palacete de Belvedere, construido sobre un diseño del Pollaiuolo y de Giacomo da Pietrasanta por deseo de Inocencio VIII, y ampliado después por el mismo Julio II con un proyecto realizado por Bramante.

El Vaticano, que estaba asumiendo un papel de centro cultural de cierta relevancia internacional, tenía ya una importantísima biblioteca, la Biblioteca Apostólica Vaticana todavía hoy abierta al público, que fue iniciada por Nicolás V y terminada después por Sixto IV, en la que se recogieron y conservaron durante siglos más de 60.000 manuscritos de extraordinaria importancia.

El aumento de las colecciones, comenzado por Julio II, prosiguió gradualmente gracias a los sucesivos pontificados, desde León X hasta Clemente VII, Pablo III, Pío IV y Pío V. La transformación en museo se produce entre el Setecientos y el Ochocientos, cuando el papel cultural del Vaticano, gracias también a las colecciones arqueológicas que reunió, cada vez fue más reconocido. A Clemente XI se debió la recogida de epígrafos antiguos, continuada por Benedicto XIV, fundador también de la Galería Lapidaria. Un posterior incremento de las colecciones se debió a los papas Clemente XIV, Pío VI y Pío VII. Este último, en 1802, encargará la dirección a Antonio Canova: hoy la Galería Lapidaria es parte del Museo Chiaramonti, que está formado por más de 5.000 inscripciones paganas y cristianas y el denominado Brazo Nuevo que alberga mosaicos del siglo II y la colección de estatuas antiguas, entre las que destaca *Augusto di Prima Porta*, el *Nilo* y *El sátiro en reposo* de Praxíteles. Otro momento esencial en la historia del Vaticano es el del nacimiento del museo Pío Clementino, promovido por Clemente XIV y Pío VI que quisieron con obstinación enriquecer más el patrimonio de objetos clásicos propiedad del Vaticano. El museo, inaugurado en 1771 se inscribió en la ampliación del Palacio Vaticano después de 15 años de trabajos, como el del Patio del Belvedere, llamado Octágono, donde todavía hoy podemos admirar el Apolo de Belvedere (siglo II a.C.) y el *Laocoonte* (siglo I a.C.). Entre las obras comprendidas hoy en el Pío Clementino

180 a la izquierda Situados en una zona poblada desde el siglo v, los Museos Vaticanos se encuentran en un complejo arquitectónico amplio, cuyos palacios se desarrollan principalmente alrededor del patio de la Pigna y al de Belvedere.

180 a la derecha El Patio de la Pigna toma nombre de la escultura romana de bronce de las termas de Agripa, y ahora colocada en la escalinata doble que conduce al Nicchione del Palazzetto del Belvedere, sede del Museo Pio Clementino.

181 La Galería de las Cartas Geográficas de Italia (pintadas por el dominico, cosmógrafo, matemático y arquitecto Egnazio Danti di Perugia), fue decorada por el hermano Antonio, entre 1580 y 1583. Las cartas fueron reproducidas con buena

precisión y en diversos casos señalan las ciudades donde hubo batallas importantes. En conjunto, se trata de un importante y preciado documento de la cultura de identidad nacional de Roma y de la Italia del siglo XVI.

PIVS · IX · PONT · MAX ·
LATERITIO · PAVIMENTO
MARMOREVM · SVBSTITVIT
PONT · AN · XXXII

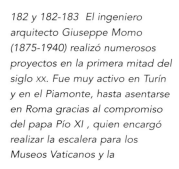

Museos Vaticanos

182 y 182-183 *El ingeniero arquitecto Giuseppe Momo (1875-1940) realizó numerosos proyectos en la primera mitad del siglo XX. Fue muy activo en Turín y en el Piamonte, hasta asentarse en Roma gracias al compromiso del papa Pío XI , quien encargó realizar la escalera para los Museos Vaticanos y la* *construcción de la Estación de la Ciudad del Vaticano. La extraordinaria escalera helicoidal del Vaticano constituye un testimonio del estilo de Momo, todavía unido a características típicas del eclecticismo ochocentesco, aunque tamizado por un espíritu más propiamente moderno.*

se encuentra la réplica romana del célebre *Apoximeno de Lisipo* (siglo IV a.C.) y el *Torso del Belvedere*, (siglo I a.C.).

También a Pío VI se debe la apertura, en 1816, de las primeras colecciones de pintura que con el tiempo constituirán la Pinacoteca Vaticana, donde hay obras de Simone Martini, Gentile da Fabriano, Filippo Lippi, Benozzo Gozzoli, Beato Angelico, Leonardo, Tiziano y entre tantas obras maestras, los diez tapices de Rafael encargados por León X para la Capilla Sixtina (alrededor de 1515) además de la *Deposición* de Caravaggio (1602-

1604). A Gregorio XVI se debe la fundación de nada menos que tres importantes museos vaticanos: el Etrusco, el Egipcio y el Gregoriano Profano. El Museo Etrusco fue inaugurado en 1837, periodo en el que se podía disfrutar de los extraordinarios resultados de las excavaciones efectuadas en Vulci, Cerveteri, y otras ciudades de Etruria; el Museo Egipcio, inaugurado en 1839 siguiendo la estela del entusiasmo provocado por la apertura del de Turín, comprendía tallas, inscripciones y objetos provenientes también de la Villa Adriana di Tivoli; por fin, el Museo

Gregoriano Profano, inaugurado en 1844, estaba formado por una mezcla de bajorrelieves, estatuas y mosaicos fundamentalmente de edad romana. A éstos, Pío IX añadió, en 1854, el Museo Pío Cristiano, en el que confluyeron diversos materiales recobrados de las catacumbas paleocristianas y de las primeras iglesias romanas. Bajo el pontificado de Pío X, en 1910, se añadió el Lapidario Judío. El conjunto de museos nacido por deseo de Gregorio XVI, Pío IX y Pío X se trasladó en la década de 1960 desde su ubicación original, en el Palacio Lateranense, a un nue-

184-185 *La Biblioteca Vaticana, fundada en 1451 por Nicolás V y hecha oficial por Sixto IV en 1475 fue constituida en su conjunto por todas las antiguas bibliotecas papales que fueron creciendo con los siglos. Acoge manuscritos incunables, grabados, estampaciones de libros y códices musicales, palimpsestos y diseños de grandísimo valor.*

Museos Vaticanos

vo edificio creado para ello en el Vaticano, y reabierto al público en 1970. Sin embargo, la enorme importancia de los Vaticanos no se debe sólo a lo extraordinario de las colecciones expuestas, sino también a la de los edificios que las albergan. No se puede, de hecho, descuidar otros dos ejemplos que están entre las más importantes obras maestras del Renacimiento italiano: los frescos de los Aposentos Vaticanos pintados por Rafael y los frescos de la Capilla Sixtina pintados por Miguel Ángel. Rafael realizó por voluntad de Julio II la decoración de las habitaciones de Nicolás V, dando vida a las famosas estancias de la Signatura, Heliodoro, del Incendio del Borgo y de Constantino, cuyos complejos proyectos icnográficos fueron puestos a punto por el artista y su consignador. A partir de 1508, y siempre por voluntad de Julio II, Miguel Ángel trabajó en la bóveda y las vidrieras de la Capilla Sixtina, cuya construcción se había realizado por Giovanni de Dolci en 1477 en honor de Sixto IV, siendo inaugurada en 1493. Para decorarla fueron llamados los más importantes artistas de la época: Signorelli, Perugino, Botticelli y el Ghirlandaio. La primera intervención de Miguel Ángel terminó en 1512 y entre las escenas de esta fase está la famosísima representación de la *Creación de Adán*, en el centro de la bóveda; en 1536 es llamado nuevamente al Vaticano pero esta vez por Pablo III, y el artista realizó el fresco en las paredes del altar de la capilla: el *Juicio Universal*, terminado en 1541.

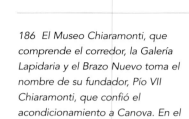

186 El Museo Chiaramonti, que comprende el corredor, la Galería Lapidaria y el Brazo Nuevo toma el nombre de su fundador, Pío VII Chiaramonti, que confió el acondicionamiento a Canova. En el corredor, dividido en 60 secciones, se encuentra una rica serie de estatuas, bustos, sarcófagos y relieves. En el Brazo Nuevo se expone, entre otras, la estatua del Nilo, copia romana de un original helenístico.

Museos Vaticanos

187 El Museo Pío Clementino,
nacido gracias a Clemente XIV y
Pío VI, reúne numerosos
ejemplares de escultura antigua,
entre los cuales el Apolo de
Belvedere, estatua marmórea
romana, copia del original griego,
que data de alrededor del
130-140 d.C., y el Torso del
Belvedere, de mitad del siglo I a.C.

Museos Vaticanos

188-189 La Bóveda de la Capilla Sixtina, con frescos pintados por Miguel Ángel desde 1508 por deseo del Papa Julio II, representa en las lunetas a siete profetas y cinco sibilas, mientras en la parte más curva del techo, resaltada por la arquitectura clásica, aparecen nueve episodios del Génesis dispuestos en orden cronológico.

189 El Juicio Universal, situado en la parte posterior del altar en la Capilla Sixtina fue proyectado y pintado por Miguel Ángel entre 1533 y 1541, por encargo del papa Clemente VII, Julio de Medici, quien no pudo verlo finalizado puesto que el artista lo terminó con Pablo III, Alejandro Farnesio.

190-191 y 191 abajo La
construcción del Museo
Arqueológico de Atenas,
inicialmente encargada al
arquitecto Ludwig Lange, fue
después realizada con la
colaboración de los arquitectos
Panages Kalkos, Harmodios
Vlachos y Ernst Ziller. El imponente
edificio neoclásico, que se
desarrolla en una sola planta,
presenta un aspecto monumental.
La fachada, obra de Ernst Ziller,
presenta una majestuoso pórtico
que refleja, incluso en el atrio, la
voluntad de crear una
arquitectura afín a la Antigüedad
clásica.

191 arriba El Museo
Arqueológico de Atenas custodia
testimonios de historia
interesantes, como la de Efebo o
Hermes de Anticitera, un bronce
que data del 340 a.C. recobrado
en 1901 cerca de la isla de la que
toma el nombre, en la punta del
Peloponeso.

Museo Arqueológico Nacional

ATENAS, GRECIA

El Museo Arqueológico Nacional de Atenas no sólo es el museo más importante de Grecia, sino uno de los museos arqueológicos más importantes del mundo, donde es posible recorrer la historia y admirar preciosos testimonios de la civilización de la antigua Grecia.

Los núcleos originales de las colecciones de arte antiguo del museo se deben al embajador francés Louis Favel y al historiador inglés George Finley, con colecciones de esculturas y monedas. En 1813 se da el primer paso hacia el nacimiento del museo, esto es, la fundación de la Sociedad de los amigos del arte, que además de promover la conservación de los monumentos antiguos, decidió fundar un museo para reunir objetos y obras accesibles a todos los apasionados e interesados. En 1824, la Sociedad solicitó, sin embargo, poder ubicar los objetos en el Erecteión.

En 1829, año en el que se reconoce la independencia del Estado griego, nació el Museo de la isla de Egina, también para reafirmar una identidad política y cultural. En este museo se reunieron obras procedentes de toda Grecia, que en 1834 se trasladaron a Atenas, al Museo Arqueológico Central, entonces albergado en el templo antiguo de Hefesto, el Teseión. En 1837 se fundó la Sociedad Arqueológica Ateniense, que nació con el objetivo de promover la custodia de las antigüedades del país, realizar campañas de excavación y valorar y descubrir nuevos patrimonios, y gracias a la Sociedad se realizaron importantes excavaciones, fuente de cantidades extraordinarias de objetos.

Museo Arqueológico Nacional

En 1866, una generosa financiación hizo posible iniciar la realización del museo, cuya construcción comenzó en 1866, y se terminó en 1889.

El edificio se levanta en una amplia explanada donada por Elena Tositsa, con el soporte financiero de Demetrios y Nikolaos Vernardakis, de la Sociedad Arqueológica y del Estado griego. La construcción se encargó primeramente al arquitecto Ludwig Lange, pero después se hicieron modificaciones y ampliaciones con la colaboración de otros arquitectos, como Panages Kalkos, Harmodios Vlachos y Ernst Ziller. A este último se debe en particular el equipamiento de la fachada, caracterizada por el majestuoso pórtico y el ala central trasera. Se trata de un imponente edificio neoclásico, estructurado en una planta única y caracterizado por una entrada particularmente monumental. Las colecciones empezaron a traerse en 1874, pero la transferencia completa se produjo en 1878. Por primera vez se radicaron aquí todas las antigüedades provenientes de las colecciones de la sociedad arqueológica, conservadas hasta ahora en el Varvakeion y en el Polytechneion, del Teseión, y de todas las colecciones públicas de la ciudad. También se transfirieron esculturas votivas procedentes del templo de Asklepios, en la acrópolis, esculturas tumbales del Kerameikos y otros objetos preciosos de Delos, Melos, Naxos, de las Cícladas, Tanagra, Argos y muchísimas localidades clave en el desarrollo de la cultura clásica griega. El nuevo museo fue denominado Museo Central, y en abril de 1888 asumió la denominación actual de Museo Arqueo-

lógico Nacional. Las excavaciones efectuadas en los siguientes
50 años llevaron a la luz una cantidad tan considerable de objetos que el espacio se reveló de pronto inadecuado, por lo que
se llevaron a cabo importantes trabajos de ampliación entre
1925 y 1939.

La fachada oriental pasó a tener dos plantas, y se añadieron
amplias salas de exposiciones, que no fueron sin embargo nunca abiertas por el advenimiento de la Segunda Guerra Mundial.

El renacimiento y reorganización del museo, acaecido en la
segunda mitad del siglo XX, se hizo gracias al empeño y la competencia de Kristos y Semni Karouzos, a pesar de que el espacio
fuera, como lo sigue siendo hoy, insuficiente para permitir la
exposición de todo el patrimonio del museo. El recorrido expo-

sitivo, según el cual están ordenadas las colecciones arqueológicas, está formado por cuatro secciones principales: escultura,
vasos y pequeños objetos, arte prehistórico y bronces. La parte
más famosa del museo es, sin duda, la Micénica, donde están
expuestos los tesoros de las tumbas reales descubiertas increíblemente por el arqueólogo Heinrich Schliemann en 1876. El
objeto más simbólico de tan singular descubrimiento es la Máscara de Agamenón, máscara fúnebre enteramente laminada en
oro, que data de siglo XIII a.C. El Museo conserva además los
más célebres kouroi y korai del mundo: el Aristion de Paros, el
célebre Apolo del Omphalos, el relieve de Eleusis, y la extraordinaria escultura en bronce que representa al Poseidón del Cabo
Artemisión.

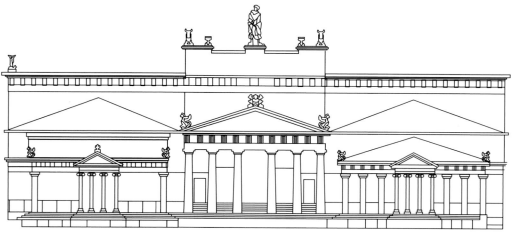

Museo Pushkin
MOSCÚ, RUSIA

Inaugurado en 1912, el Museo Pushkin de Moscú nació en realidad bajo el nombre de Museo de las Bellas Artes Nicolás II. Para su inauguración fue organizada una triunfal ceremonia patrocinada por el zar Alejandro III Romanov con presencia de toda la familia imperial y de la alta burguesía moscovita. La idea de fundar un museo dedicado a las Bellas Artes se remontaba al principio del siglo XIX, cuando dos profesores universitarios, S.Sûvirev y M. P. Pogodin, presentaron un verdadero y propio proyecto en el que denunciaban la ausencia en una ciudad tan importante, de una institución que pudiera aumentar el conocimiento y la educación estética del gran público en lo referente al arte. Mientras, surgieron en Moscú dos importantes centros culturales: en 1843 se funda la escuela de pintura, escultura y arquitectura, mientras que en 1853 se instituyó en la Universidad de Moscú la primera cátedra de enseñanza de historia del arte. Naturalmente, estas conquistas fueron fundamentales para crear un clima favorable al nacimiento del museo, a lo que contribuyó de modo particular el filólogo e historiador de arte de la Universidad de Moscú, Ivan Vladimirovich Tsvetáiev, con la apertura de una suscripción pública para la recogida de fondos. A esta iniciativa se adhirió el acaudalado emprendedor y proveedor de cristales de la Casa Real, Yuri Nechaev-Maltsev, quien contribuyó donando una enorme suma de dinero y utilizando sus propios conocimientos para promover e incentivar el nacimiento del museo. Gracias a esta actividad de promoción fue finalmente posible encontrar los fondos para empezar el proyecto. El concurso abierto para la construcción del edificio fue vencido por el arquitecto Roman Klein, que presentó un proyecto fuertemente inspirado en la antigüedad grecorromana. En efecto, Klein dio forma a una especie de templo, ornamentado en la fachada con columnas de estilo jónico, con tímpano y friso clasicizante, que en lo sustancial no se alejaba de los cánones helénicos y latinos. En su interior, por el contrario, este nuevo templo moscovita de las artes y la cultura presentaba salas con estilos diferenciados según las tendencias arquitectónicas de los periodos represen-

tados en las colecciones. En lo que respecta a la intenciones del profesor Tsvetáiev, que había concebido el museo como un centro de estudios e investigación ligado a la Universidad, una de las primeras colecciones que fue acogida en el museo fue una de calcos de yeso de obras maestras de arte antiguo, que todavía hoy es una de las partes más fascinantes del museo. Los trabajaos de construcción duraron desde 1898 a 1912, año en el que el museo fue inaugurado con el nombre de Museo de las Bellas Artes Alejandro III (la denominación actual se adoptó en 1937). Posteriormente fueron creciendo las colecciones,

Museo Pushkin

196 y 197 Inaugurado por el zar poco antes de la trágica caída de la familia Romanov, el Museo Pushkin manifiesta en su disposición una cierta solemnidad y una decidida carga sugerente, obtenida mediante la adaptación de la ornamentación de las salas a la procedencia de las colecciones únicas. Entre 1941 y 1944, la mayor parte del patrimonio artístico fue trasladada a Siberia para impedir su destrucción: la decisión fue sabia porque, si bien Moscú no fue conquistada por los nazis, el museo fue seriamente dañado por los bombardeos.

Museo Pushkin

198 arriba Las colecciones dedicadas al arte antiguo comprenden más de 1.000 ejemplares, entre joyas, esculturas y objetos de los más variados tipos, abarcando desde el antiguo Egipto hasta la Antigüedad griega y romana, y provienen de campañas promovidas por el mismo museo.

198 abajo Los primeros ejemplares de arte antiguo reunidos en el Museo Pushkin llegaron de las colecciones conservadas por el Gabinete de Arte y antigüedades de la Universidad de Moscú. En origen, constituidas principalmente por copias de yeso, a lo que

posteriormente se unió el deseo de adquirir obras antiguas originales. La extraordinaria colección de cerámicas de la antigua Grecia fue transferida, sin embargo, al museo en 1929, procedente de las colecciones del Museo de Historia y de Cerámica de la Galería Tretjakov y del Museo Rumjantsev.

199 Roman Klein fue muy escrupuloso al atenerse a los cánones clásicos griegos, o al menos al concepto que se tenía en aquella época. Sus salas, por ciertas características, se adhieren idealmente a la arquitectura templaria helénica, exaltando implícitamente el valor del arte.

con la adquisición de obras maestras originales. En 1909 se adquirió la colección de arte oriental y egipcio de V. S. Golenishchev, un célebre erudito de San Petersburgo, y en el mismo periodo gracias a una donación se adquirieron colecciones de pinturas italianas de los siglos XII al XIV. En la Revolución de Octubre, el museo pudo integrar sus colecciones de modo aún más extraordinario, gracias a la política cultural impuesta por la nacionalización de los bienes artísticos en manos privadas, con lo que muchas colecciones importantes procedentes de toda Rusia confluyeron en el museo; en la década de 1930 se añadieron las colecciones procedentes del Ermitage de San Petersburgo y del Museo de Arte Moderno occidental. Pero el Museo Pushkin además debe su grandeza también al coleccionismo no aristocrático que aportó bellísimas colecciones. En los primeros

años de la posguerra, el museo también supo hacerse promotor y divulgador de las vanguardias artísticas rusas, organizando importantes muestras temporales dedicadas a la experiencia artística contemporánea. Un año difícil fue 1937, unido al inicio de las célebres grandes purgas estalinistas y marcado por la grave pérdida de recursos intelectuales y políticos nacionales. Para conmemorar estas pérdidas, el museo fue dedicado al poeta Aleksandr Pushkin, muerto justamente 100 años antes. Hoy el museo además alberga una de las más grandes colecciones de arte europeo donde están representados los mayores artistas de los siglos XVI y XVII de las escuelas italiana, neerlandesa, flamenca, española y francesa, con una amplia presencia de obras maestras francesas de finales del siglo XIX. También hay una colección de objetos de arte aplicado, numismática, impresos y diseño.

Museo Hermitage

SAN PETERSBURGO, RUSIA

Aunque la denominación pueda hacer pensar en un complejo unitario, el célebre y majestuoso Hermitage de San Petersburgo comprende en realidad seis magníficos edificios ubicados cerca del río Neva: el Palacio de Invierno, el Pequeño Hermitage, el Gran Hermitage, el Nuevo Hermitage, el Teatro y el Palacio Menshikov. Edificados entre el siglo XVIII y el XIX, todos estos palacios pueden incluirse en un complejo uniforme, si bien tienen características estilísticas diferentes. El origen de este conjunto único en el mundo se remonta al periodo 1754-1762, cuando la emperatriz Isabel I de Rusia encargó al arquitecto Francesco Bartolomeo Rastrelli la construcción del Palacio de Invierno como sede propia y de sus sucesores. La grandiosidad de los trabajos fue tal que absorbió la explotación de madera y piedra en la zona del lago Ladoga durante tres años, pero el resultado fue una joya de la arquitectura de todos los tiempos. El edifico, magnífico desde cualquier punto de vista, es de estilo barroco ruso y parece cambiar según la perspectiva debido a la diversa composición de las masas y de la ornamentación de las fachadas, jalonadas por todo el perímetro con refinados órdenes de columnas con capiteles. Junto al Palacio de Invierno (cuyos tres pisos contienen más de 1.000 habitaciones) fue donde Catalina II hizo construir en 1764, un buen retiro. El nuevo edificio debía responder a la exigencia de disponer de un lugar tranquilo y seguro donde poder admirar y disfrutar en «retiro ermitaño», con pocos y seleccionados huéspedes de las obras que la emperatriz estaba coleccionando. La verdadera fundadora del museo fue, por tanto, la emperatriz Catalina que concibió por primera vez la función, aunque fuese inicialmente elitista. A partir de una cantidad de testimonios muy diversificada, desde maravillas animales y vegetales a obras de arte coleccionadas en el ameno jardín colgante y en las galerías de exposición, Catalina reunió en el curso de su vida una cantidad impresionante de colecciones privadas. Entre ellas, recordemos las colecciones de pinturas de las escuelas flamenca y neerlandesa pertenecientes al berlinés Johann Ernst

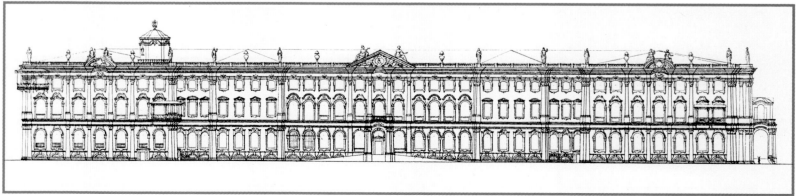

200-201 abajo El Hermitage de San Petersburgo fue fundado por deseo de la emperatriz Catalina II de Rusia, que en 1764 hizo construir en un lugar de «retiro», una ermita junto al Palacio de Invierno, la espléndida morada oficial de los zares de Rusia, construida entre 1754 y 1762 por Francesco Bartolomeo Rastrelli.

200 abajo El Palacio de Invierno mira hacia la vasta plaza delimitada por el Palacio del Gobierno, con una fachada caracterizada por una entrada a tres bóvedas y una doble serie de semicolumnas con ventanas. Francesco Bartolomeo Rastrelli construyó el edificio sobre el modelo cuadrado, a dos planos, con un amplio patio interno.

Museo Hermitage

Gotzkowsky, la del parisino Pierre Crozat, con Tiziano, Giorgione, Raffaello, Veronés y otros grandes de la historia del arte, como Rembrandt y Rubens, la colección Coblentz que está formada por más de 6.000 diseños, la del conde Von Brühl, con obras de Cranach, Tiepolo y Bellotto, la galería completa de Houghton Hall, con alrededor de 200 pinturas flamencas y neerlandesas, y la colección Boudoin, con telas de Van Dyck y Rembrandt. A su muerte en 1796, la colección del Hermitage abarcaba casi 4.000 obras. Para custodiarlas y exponerlas adecuadamente, ya fue necesario entre 1771 y 1787 construir un nuevo edificio, el Gran Hermitage, proyectado por Yuri Veldten, y articulado sobre tres pisos como el resto de los edificios ya existentes, aunque resultó más sobrio y clásico, conforme al espíritu de la época. En 1792, Giacomo Quarenghi dotó al Gran Hermitage

de un ala nueva, unida al Pequeño Hermitage y al Teatro. El gran patrimonio artístico conservado en este complejo tuvo por mucho tiempo la función de colección privada, y sólo en 1805 asumió el papel museístico con su apertura al público, y adquirió una cierta autonomía administrativa, aunque formando parte de las dependencias imperiales. Los sucesores de Catalina II, como su sobrino Alejandro I en primer lugar, también supieron aumentar este patrimonio. En el siglo XIX se equilibró la presencia de las diferentes escuelas pictóricas europeas, con la adquisición, por ejemplo de una amplia colección de pintura española, o de la colección veneciana Barbarigo y la de Guillermo II de los Países Bajos. Entre 1839 y 1851, siempre por necesidad de espacios más amplios, fue construido el Nuevo Hermitage, inaugurado en 1852 y proyectado por Franz Karl Leo Von Klenze de manera que

estuviera en armonía con el Palacio de Invierno. El primer edificio construido alberga las colecciones del museo, el Nuevo Hermitage es el elemento mejor compuesto de todo el complejo, ya que es muy monumental y equilibrado en sus volúmenes arquitectónicos, y constituye un óptimo ejemplo de eclecticismo e historicismo ochocentesco, en mérito a su inspiración en la evolución histórica de gustos y técnicas, con la utilización de soluciones clásicas, renacentistas y barrocas.

El Ermitage vio en el siglo XIX una sucesión de momentos más o menos floridos, pero tras las numerosas cesiones habidas bajo Nicolás I comenzó un repunte dorado, que finalizó tras la Revolución de Octubre. Después de 1917 se produjo precisamente la nacionalización de las colecciones privadas, lo que provocó la confluencia de muchísimas colecciones procedentes de

las requisas de palacios imperiales, y el Hermitage fue oficialmente declarado museo estatal. A lo largo del novecientos, este inmenso patrimonio artístico se enriqueció con algunas colecciones del Museo Estatal de Arte Moderno Occidental de Moscú, cerrado en 1948, mientras que el ámbito cronológico de las colecciones se ha extendido al arte moderno, con obras de Picasso, Matisse, Van Gogh, Cézanne y Gauguin. Importante es también la célebre galería del Tesoro de los Zares y las colecciones arqueológicas, que cubren un arco cronológico que van desde la prehistoria hasta la cultura clásica griega, romana y oriental. De notable interés son también las colecciones de armas y armaduras empezadas por Nicolás I, la sección de numismática, la de artes aplicadas y el museo de la porcelana, sin olvidar la amplia sección del departamento de cultura rusa.

Museo Hermitage

204 En 1783 Catalina II encargó a Giacomo Quarenghi y a Giovanmi y Vicenzo Angelone realizar una reconstrucción de las estancias pintadas por Rafael para los Palacios Vaticanos de Roma.

205 arriba Las colecciones de arte del Hermitage se remontan convencionalmente a 1764, cuando Catalina II adquirió las 225 pinturas que formaban parte de la colección de Johann Ernst Gozkowsky.

205 abajo La Escalinata de los Embajadores constituye hoy la entrada de acceso al Museo del Hermitage. Dañado por el incendio de 1837, fue reconstruido por Vasilij Stasov según el proyecto de Rastrelli.

Museo Hermitage

206 arriba La imagen evidencia las referencias a la tradición clásica en la Sala del Pabellón, decorada a mitad del siglo XVIII, en la que las referencias a la Antigüedad clásica, griega y romana, se mezclan con un espíritu conciliador a las renacentistas y moriscas.

206 centro La planta baja del Nuevo Hermitage alberga las colecciones de arte antiguo empezadas por Pedro I. Aquí se alternan características monumentales inspiradas en el arte griego y romano, con cierto gusto ecléctico típico del siglo XIX.

206 abajo En la sala de las mayólicas también están expuestas obras de Rafael Sanzio.

206-207 Al visitar las enormes galerías, es difícil creer que, hace poco más de 60 años, fueron usadas como refugios antiaéreos.

208-209 La amplia y majestuosa Sala del Pabellón, de alrededor de 1850, fue decorada por Andreij Stackenschneider con elementos eclécticos e inspirados en modelos arquitectónicos renacentistas mezclados con tintes moriscos.

210-211 La Sala Grande, llamada también Sala de Nicolás, tiene una superficie de más de 1.110 m² y es uno de los espacios más amplios de todo el Palacio de Invierno. Fue proyectada en el siglo XVIII por Giacomo Quarenghi y actualmente alberga exposiciones temporales.

210 abajo a la izquierda La iglesia, uno de los elementos que se añadieron después al cuerpo principal del Palacio de Invierno, culmina en una gran cúpula dorada que señala la presencia entre la Plaza del Palacio y el contiguo Pequeño Hermitage.

Museo Hermitage

211 abajo a la derecha Los ambientes que constituyen los apartamentos privados comprenden también aquéllos de Maria Aleksandrovna, esposa de Alejando II, entre los que está el saloncito rococó en el que se ofrecían las tardes musicales, y que fue acondicionado por Gerald Bosset y decorado estilo Luis XV.

211 arriba La Sala del Trono, llamada también Sala de Pedro I, está dedicada al primer zar de Rusia. En la parte central están la pintura Pedro I de Jacopo Amiconi, La alegoría de Minerva, y el trono en roble ebanizado y plata, realizado en 1731 por Nicholas Clausen para la emperatriz Anna Ivanovna.

211 abajo Para realizar el Salón de Oro, en 1838 Aleksander Brullov se inspiró en al arquitectura de algunas salas del Kremlin de Moscú. La estancia formaba parte de los apartamentos privados de la emperatriz Aleksandra Fiodorovna, mujer del zar Nicolás I, y hoy conserva la colección de gemas de Catalina II.

212 arriba y 212-213 La Galería de la Guerra, 1812-1826, reúne los retratos de más de un centenar de generales que se distinguieron durante las cuatro grandes victorias rusas en su guerra contra los franceses.

212 centro y abajo La colección de pinturas modernas, situada en el segundo piso del Palacio de Invierno, comprende una representación de las obras novecentescas que fueron definidas por los Soviets como «ideológicamente hostiles». Gran parte de estas telas proviene de las colecciones de Serguei Schukin y de los hermanos Morozov, además de las del Museo Estatal de Arte Occidental Moderno, cerrado en 1948.

Museo Hermitage

214-215 y 214 abajo El Museo
Egipcio de la ciudad de El Cairo,
nacido en 1835 por deseo del
Gobierno egipcio y proyectado en
estilo neoclásico por el arquitecto
francés Marcel Dourgnon, alberga
la más vasta y completa colección
de objetos arqueológicos del
Antiguo Egipto del mundo entero.
Los objetos mostrados son más de
130.000, pero en los almacenes se
conservan otros miles más.

Museo Egipcio
EL CAIRO, EGIPTO

La fascinante y sugerente civilización del antiguo Egipto ha constituido desde siempre un fuerte atractivo para los coleccionistas de todo el mundo. El Museo de El Cairo, con sus extraordinarias colecciones que cuentan 5.000 años de historia y civilización egipcias, es uno de los testimonios del intento de frenar la dispersión del inestimable patrimonio artístico que, sobre todo en el transcurso de los siglos XVIII y XIX, tras la campaña militar napoleónica, y la aparición de los colonialismos inglés y francés, ha provocado el alejamiento al exterior de muchos de sus preciosos objetos. La voluntad de mantener en su lugar el patrimonio local se deriva de la creciente concienciación sobre las numerosísimas y riquísimas colecciones de arte antiguo egipcio que se han creado en muchas partes del mundo, y también por la toma de conciencia de la ausencia de una legislación eficaz sobre el control y la tutela del patrimonio propio por parte del Gobierno local. Por estas razones el Gobierno egipcio se decidió en 1835 a instituir el Servicio de las Antigüedades egipcias creando una primera colección que inicialmente se ubicó en el jardín de Azbakiah y después cerca de la Ciudadela de Saladino.

Sin embargo, el nacimiento del Museo de El Cairo se produce de hecho gracias al arqueólogo francés Auguste Mariette, asistente cercano al Departamento de Arte Egipcio del Museo del Louvre quien tuvo el cargo de superintendente en algunas importantes excavaciones en Egipto. Mariette observó el peligro que estaba corriendo el patrimonio artístico egipcio, y acometió una prolífica y atenta labor de documentación y calidad de todas las ruinas tratando de salvaguardarlas. También hizo recoger muchísimos objetos que aparecían en las excavaciones y los colocaba en un almacén situado junto a unas viejas oficinas de una compañía fluvial situada en Bulaq, junto al Nilo, donde en 1858 se fundó un primer museo, acondicionado en un edificio que se usó primero como depósito para los barcos de vapor. Las colecciones se acondicionaron inicialmente en salas pintadas directamente por Mariette, pero pronto fue necesario emprender trabajos de ampliación que se llevaron a cabo en 1863. La zona geográfica del museo estaba continuamente amenazada por aluviones por lo que no era muy idónea, y así se concienció aún más de la

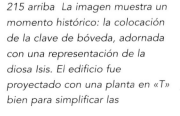

215 arriba La imagen muestra un momento histórico: la colocación de la clave de bóveda, adornada con una representación de la diosa Isis. El edificio fue proyectado con una planta en «T» bien para simplificar las previsibles operaciones de ampliación, o bien para poder colocar los monumentos más imponentes en el atrio central y, en las alas posteriores, las exposiciones de objetos y obras de menores dimensiones.

216-217 Las colosales simetrías del rey Amenhotep III y de su consorte Teye, esculpidas en el siglo XIV a.C. dominan el atrio de la planta baja del museo, donde está situada una parte de la colección de estatuas. Construido sobre un proyecto francés, el edificio fue empezado en 1897 e inaugurado en 1902, en el crepúsculo del dominio otomano en Egipto. La construcción, articulada en dos pisos, alberga un centenar de salas que contienen las más imponentes y raras colecciones egiptológicas del mundo.

217 En la parte inferior de la cúpula, una balconada dibuja una circunferencia sobre el atrio de ingreso del museo, que cada año ve desfilar millones de visitantes.

Museo Egipcio

necesidad de instituir un verdadero museo que captase y representase la identidad del país. Se iniciaron por tanto los trabajos para la construcción de una nueva sede que empezó el *jedive* (virrey) de Egipto, Abbas Hilmi Pascha, en 1897. El edificio situado en el corazón de la ciudad de El Cairo, fue proyectado en estilo neoclásico por el arquitecto francés Marcel Dourgnon, y fue inaugurado al público el 15 de noviembre de 1902. La planta en T derivaba de un estudio pensado para facilitar el disfrute y la circulación de los visitantes, mientras un amplio atrio permitía albergar y custodiar las colosales estatuas de piedra del faraón Amenhotep III y su esposa, y la asombrosa de Ramsés II.

A Mariette, fallecido en 1881, por tanto antes de poder ver concretado su sueño, le dedicó un mausoleo propio el Gobierno egipcio en el patio del museo, con una estatua de bronce, que junto con otros bustos de importantes eruditos y arqueólogos, rinde homenaje a los protagonistas de todos los estudios e investigaciones realizados en la profundización de la historia y la cultura de las antiguas civilizaciones del Valle del Nilo.

La tumba del joven faraón Tutankamon, descubierta en el Valle de los Reyes en el célebre hallazgo de Howard Carter en 1922, es seguramente uno de los más bellos y célebres tesoros que custodia el museo. Podemos todavía admirar del faraón, cuyo reinado en la XVIII dinastía duró sólo una decena de años, la máscara fúnebre de oro y piedras preciosas, vasos canopes en alabastro ricamente decorados, el trono en madera dorada embellecido con piedras y pastas vítreas, y el bello pectoral en oro y plata, y la talla que representa al dios Anubis. El museo conserva además los ajuares de las tumbas reales de Tutmosis III, Tutmosis II, Amenhotep III y Horemheb. Además de la sección, particularmente sugerente, de la sala de las momias, que contiene alrededor de una treintena de momias reales, se pueden admirar en el Museo del Cairo numerosos objetos procedentes de las tumbas de Tanis, en el Delta del Nilo, y los objetos de la ciudad de Tebas, entre los que encontramos también extraordinarias páginas del *Libro de los muertos* en papiros increíblemente bien conservados.

Museo Yad Vashem

JERUSALÉN, ISRAEL

Yad Vashem es el nombre del museo de Jerusalén que sirve de intenso memorial dedicado a la dramática historia del Holocausto, a las seis millones de víctimas del nazismo, a los héroes que en cambio trataron de resistir, a menudo, con el riesgo de su propia vida.

El museo, cuyo nombre proviene de una cita de un verso de Isaías que significa «una tierra, un nombre», fue fundado en 1953 gracias a la Ley del Memorial aprobada por el Knesset, el parlamento israelí.

El complejo del museo histórico es parte de una enorme zona en la que están las sinagoga, un museo de arte, numerosos monumentos y obras al abierto siempre dedicados al delicado tema de la memoria y el recuerdo. El arquitecto israelí Moshe Safdie es el autor de la realización del proyecto del Museo Yad Vashem, en el que ha querido crear un estructura de gran impacto, caracterizada por un coherente recorrido narrativo y didáctico, a fin de contar y recordar los avatares históricos que se refieren al Holocausto, y a la vez, dar vida a un lugar en grado de provocar emotivamente al visitante, intentando equilibrar de modo adecuado el enfoque propiamente museístico con la íntima necesidad de recogimiento espiritual típica de todos los memoriales.

Además de la numerosas y exhaustivas secciones que albergan testimonios y reconstrucciones históricas, el Yad Vashem tiene también estructuras operativas que lo denotan

218 arriba, abajo y 218-219 Dos vistas aéreas del complejo muestran la plaza cuadrada de la Esperanza, adornada con olivos. La larga estructura del Museo de Historia del Holocausto es, además, la cilíndrica Sala de los Nombres.

219 abajo a la izquierda Moshe Safdie creó una estructura en cemento, que incide en el paisaje con el largo corredor subterráneo en el que se desarrollan las salas, organizadas en un espacio de más de 17.000 m².

219 abajo a la derecha La Sala del Recuerdo presenta, en el pavimento, los nombres de los 22 principales campos de concentración nazis en los que se consumó el Holocausto. Aquí se desarrollan liturgias y momentos de oración.

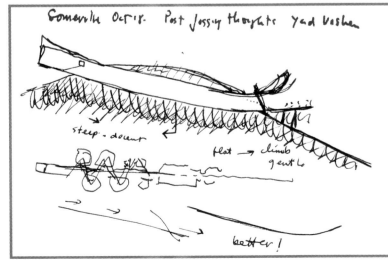

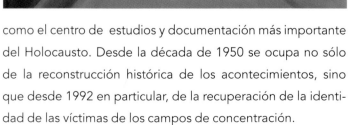

Museo Yad Vashem

220 Los espacios subterráneos, en los que a través de las reconstrucciones, fotografías, documentos de archivo, cartas, objetos personales, películas y proyecciones de vídeo se cuenta la tragedia del Holocausto y la situación histórica y cultural en la

que sucedió, son sugerentes. La penumbra, necesaria para realzar las instalaciones y las proyecciones iluminadas artificialmente, domina espacios angostos extraídos en las paredes de cemento.

221 El acondicionamiento del largo corredor caracterizado por las paredes convergentes presenta, en medio de las ruinas, intensos fragmentos de la historia del siglo XX. De las partes más oscuras y enterradas de las galerías del museo, el visitante alcanza la apertura hacia el panorama urbano.

como el centro de estudios y documentación más importante del Holocausto. Desde la década de 1950 se ocupa no sólo de la reconstrucción histórica de los acontecimientos, sino que desde 1992 en particular, de la recuperación de la identidad de las víctimas de los campos de concentración.

Hoy, con el potente auxilio de Internet, es posible contribuir a la documentación de la base de datos accesible desde el sitio en línea del museo, sacando los nombres y datos personales de las víctimas no identificadas todavía en la lista del archivo, que hoy cuenta con alrededor de tres millones.

El complejo se integra perfectamente en el territorio y en el panorama de Jerusalén. Algunas partes del edificio, cuya planta tiene forma triangular, se insertan directamente en la montaña.

El museo presenta un largo recorrido subterráneo, que comienza y termina al aire libre, y se trata de una elección proyectual dictada, en parte también, por la exigencia de crear salas y galerías subterráneas, como ambientes más acordes para exponer los tipos de instalaciones realizadas con medios diversificados, como filmaciones, vídeos, proyecciones y exposiciones de fotografías, además de la esmerada exposición de conmovedores

222, 223 y 224-225 La Sala de Nombres es uno de los lugares más significativos y sugerentes del Yad Vashem. El espacio, como vemos en el diseño, tiene forma de dos estructuras cónicas invertidas, una vuelta hacia el cielo y la otra llena de agua, simétricamente enterrada. Aquí desde una plataforma circular semisuspendida, el visitante puede contemplar los retratos de las víctimas del exterminio nazi que recubren las paredes del cono invertido en el exterior. Las fotografías, reflejadas en el agua límpida, evocan las víctimas de los que no se tiene ninguna documentación.

Museo Yad Vashem

testimonios de diarios, cartas y objetos pertenecientes a las víctimas. A la vez, estos recorridos subterráneos se convierten para el visitante en metáforas de un posible viajes hacia atrás en el tiempo, en un momento difícil y oscuro en el pasado de la historia de la humanidad. Toda la estructura del museo está hecha de cemento, material elegido metafóricamente porque es un elemento que «no puede ser destruido ni aniquilado», exactamente como no debe suceder a la memoria del horrible exterminio llevado a cabo por los nazis. A los Justos, los héroes que intentaron resistir al exterminio, están dedicados alrededor de 2.000 árboles que flanquean el paseo de la entrada. A lo largo del recorrido de la exposición se extiende una galería de 180 metros de larga, cavada en la roca de la colina. Que conduce a la «Sala del Recuerdo» en la que están grabados en el pavimento los nombres de los 22 campos de concentración nazis, y en el centro del cual arde una llama que se reaviva a diario.

El eje de todo el complejo está constituido, sin embargo, por la impactante «Sala de los Nombres»: se trata del punto más intenso de todo el memorial, en el que el sobrecogimiento emotivo del visitante llega al máximo. En esta sala hay dos estructuras cónicas invertidas: uno de los conos, de una decena de metros de largo, apunta al cielo mientras el otro está simétricamente encerrado y cubierto de agua. El visitante, desde una plataforma circular tan amplia como la estructura cónica sobresaliente, puede observar el verdadero depósito de la memoria: las paredes del cono invertido están recubiertas de cerca de 600 fotografías de las víctimas del holocausto, que reflejándose en el agua que está debajo evocan el recuerdo de tantos mártires que han pasado a la historia sin cara ni nombre. Tras haberse detenido en esta sala, el visitante prosigue el recorrido volviendo a emerger a la luz y al presente. Desde aquí se ofrece una magnífica panorámica de Jerusalén.

Museo Nacional
TOKIO, JAPÓN

El Museo Nacional de Tokio conserva las más preciosas colecciones de arte japonés del mundo, pero dedica a su vez amplios espacios y atención al arte oriental en general.

Se trata de un complejo museístico relativamente reciente, formado por tres cuerpos principales: el museo reconstruido tras el terremoto de 1923 con ocasión de la coronación del príncipe heredero; el Hokeikan, un edificio proyectado por Toma Kitayama, construido en 1908 para celebrar la boda del príncipe, y la parte más nueva, la galería en la que se exponen los tesoros del templo de Horiuyi. El Museo Nacional comprende además un vastísimo parque donde surgen otros edificios de notable importancia histórica y artística, como por ejemplo el Okiokan y el Kuyo-Kan, y las casas de té Tengoan y Shunsoro, además de las estructuras donde se encuentran salas de conferencias, la biblioteca y el auditórium. El primer museo japonés, núcleo originario del actual Museo Nacional y construido en 1872, fue el templo confuciano Taiseiden de Yushima Seido, un suburbio de Tokio. La comparación con Europa y las crecientes y numerosas instituciones culturales y museísticas llevaron a Japón a aumentar la tutela y divulgación del propio patrimonio, y de este modo el mencionado Museo Yushima, cuyas colecciones de materiales artísticos y de valor científico empezaban a necesitar espacios más adecuados, fue transferido a la antigua residencia de la familia Shimazu en Kojimachi donde permaneció hasta 1882. Un posterior y definitivo traslado llevó la colecciones al parque público de Ueno, donde el pabellón de arte realizado por el inglés J. Condle fue usado como sede de exposiciones con motivo de la Exposición Universal de 1881. El museo quedó relegado durante esta época a una función ferial, como instrumento para incentivar la producción de la administración del Ministerio de Agricultura y Comercio, al cual había quedado adscrito. En 1886 pasa a depender de la Casa Imperial y aparece su

226 El parque que circunda los cinco edificios que constituyen las sedes del Museo Nacional de Tokio es el testimonio posterior de la cultura tradicional japonesa, gracias a la variedad de plantas que cambian según las estaciones, como el florecimiento de los cerezos, y a la presencia de cinco tradicionales casas de té.

226-227 La galería principal, el Honkan, que alberga las principales colecciones de arte japonés, fue originalmente proyectada por el arquitecto británico Josiah Conder. Gravemente dañada en el terremoto de 1923, fue reestructurada por el arquitecto Watanabe Jin, en 1932.

papel cultural ligado al estudio y divulgación de la historia del arte del país, que aumentó su prestigio siempre creciente a finales del siglo. En 1909 se termina la Galería Hiokeikan, construida en celebración de la boda del príncipe heredero y futuro emperador Taisho. Un fuerte terremoto destruyó casi completamente el bloque principal del museo en 1923, por lo que fue totalmente reconstruido e inaugurado en 1938; entretanto y debido al interés principalmente artístico del museo, las colecciones científicas fueron transferidas al Museo Nacional de Historia Natural de Tokio.

En 1947 se establece la nueva constitución y el museo es transferido de la Casa Imperial al Ministerio de Instrucción Pública, y desde entonces asumió el actual nombre de Museo Nacional de Tokio. Asimismo se acentuó su papel educativo a partir de 1950 debido al establecimiento de las nuevas leyes a favor de la tutela y conservación de los bienes culturales. Fue en estos años cuando el museo pudo dotarse de una nueva galería, la Horyuji Homotsukan, inaugurada en 1964 para acoger los extraordinarios tesoros procedentes del Templo de Horyuji, donados en 1887 por la Casa Imperial. Esta galería

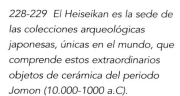

Museo Nacional

228-229 El Heiseikan es la sede de las colecciones arqueológicas japonesas, únicas en el mundo, que comprende estos extraordinarios objetos de cerámica del periodo Jomon (10.000-1000 a.C).

228 abajo a la izquierda El arte japonés está acondicionado en Honkan, que comprende dos plantas con 24 salas enteramente dedicadas a la exposición de varios tipos de obras.

228 abajo a la derecha La Tokoyan, galería dedicada al arte asiático, proyectada por el arquitecto Taniguchi Yoshiro y abierta en 1968, está formada por salas dispuestas en espiral sobre tres planos.

229 Los ambientes del museo son el interesante fruto de una singular superposición de majestuosidad occidental y linealidad tradicional japonesa.

fue renovada y reabierta en 1999. El museo está estructurado por secciones según el tipo de los materiales expuestos: la subdivisión comprende colecciones de arqueología, tejidos, metales, armas, cerámicas, lacas, pinturas, esculturas y caligrafías. Los más de 100.000 objetos que custodia y expone el museo proceden sobre todo de importantes donaciones de la Casa Imperial, donaciones privadas e intercambios de obras con importantes museos internacionales, organizados con sabiduría para completar lo más posible las colecciones con todos aquellos testimonios que pudieran permitir recorrer todas las fases más importantes del arte japonés, sobre todo en su mezcla con el arte asiático en general. La colección de arte chino conserva numerosos testimonios que cubren un arco temporal desde el neolítico tardío a las cerámicas Yuang (1280-1368) e Ming (1368-1644). Particularmente importante es la sección dedicada a la pintura, donde pueden encontrarse extraordinarios ejemplares de rótulos colgantes pintados sobre papel o seda. En lo que se refiere al arte japonés, las riquísimas colecciones comprenden una sección vastísima dedicada a la pintura, entre las que destacan la célebre serie de biombos del periodo Heian, con la biografía ilustrada de Shotoku Taishi, numerosos ejemplares de pinturas sobre rótulos verticales (*kakemono*) y horizontales (*emakimono*), además de preciosas obras de arte sagrada y hagiografía.

231 También en los detalles se eligió reclamar expresamente iconografías del Lejano Oriente, como demuestra esta flor de loto en metal, con función tanto decorativa como estructural.

New Asian Galleries

SYDNEY, AUSTRALIA

La New Asian Galleries de Nueva Gales del Sur (estado de Nueva Gales del Sur, Australia) es fruto de una reciente y extremadamente fascinante, operación de ampliación de la ya existente Art Gallery de Nueva Gales del Sur de la ciudad de Sidney. El génesis de las colecciones, que comprenden extraordinarios testimonios de arte antiguo, se remonta a la donación efectuada expresamente en 1879 por el Gobierno japonés a Nueva Gales del Sur y que estaba formada por numerosos objetos de cerámica y de antiguas esculturas de bronce. A partir de este núcleo, en 1972, casi un siglo después, se decidió abrir una galería, aunque de modestas dimensiones, para dedicarla al arte asiático.

El edificio originario fue el proyectado por el arquitecto australiano Walter Liberty Vernon, pero en 1988 se amplió su superficie de exposiciones con la anexión de las alas, construidas en cemento y vidrio, y proyectadas por el arquitecto Andrew Anderson.

Las colecciones, entretanto, fueron incrementadas con abundantes donaciones privadas, una de las cuales, quizá la más célebre y consistente, fue efectuada en 1962 por el coleccionista Sydney Cooper, y con ella numerosos ejemplares de cerámica y esculturas votivas funerarias confluyeron en el ya notable patrimonio acumulado.

El departamento de custodia, encargado del estudio y sistematización de estas colecciones, se instituyó oficialmente en 1979 y, bajo la dirección de John Menzies, empezó a desarrollar profundas investigaciones y a divulgar la historia, la cultura y el arte de las antiguas civilizaciones del oriente. La colección, antes como ahora, está constituida por una gran variedad de objetos, entre ellos muchísimos tipos de cerámica y porcelanas chinas, una gran representación de pinturas de la época Ming y Ping y pinturas modernas, biombos japoneses con ricos fondos de hoja de oro, arte budista, esculturas hindúes y extraordinarios ejemplos de arte textil del sudeste asiático. A través de la diversas secciones que componen la más importante galería de arte asiático de toda Australia, se puede profundizar en la cultura y las tradiciones orientales desde el arte antiguo al contemporáneo.

El acondicionamiento asombroso de esta nueva anexión, que ha permitido al museo adquirir otros 700 m², fue proyectado por el arquitecto Richard Johnson, del estudio Johnson Pilton Walker. Es un edificio que además de provocar un fuerte impacto en el observador visitante, tiene un fuerte valor simbólico. De hecho cosiste en un pabellón en forma de cubo, realizado en vidrio blanco y acero, que parece flotar sobre el edificio preexistente, al que está unido por flores de loto construidas en acero inoxidable. La imagen, fascinante y altamente evocadora, de la que ha partido el arquitecto para elaborar su idea, ha sido la del quinqué, objeto de valor simbólico recurrente en la cultura oriental.

En el interior del edificio-quinqué hay dos planos dedicados principalmente a la exposición de muestras temporales. La disposición de las colecciones, divididas en secciones según las zonas geográficas de procedencia de los objetos, permite apreciar y comprender la innumerable diversidad cultural que ha caracterizado la enorme zona asiática, desde la Antigüedad hasta hoy; las diversas secciones están dedicadas a temas como las religiones de Asia, con extraordinarios

232-233 y 232 abajo El interior del museo se articula en dos plantas, amplias y luminosas, con espacios dedicados a las muestras temporales tanto en la planta baja como en el primer piso. El arquitecto Andrew Anderson, autor del proyecto, es especialista en este tipo de trabajo, habiendo realizado también la ampliación de otros museos. La incorporación del sistema de ventilación fue particularmente laborioso, necesitando la instalación de vigas en el techo del edifico.

New Asian Galleries

ejemplos de arte votivo budista e hinduista, y el comercio de cerámicas, con la posibilidad de recorrer la red comercial que desde la Antigüedad llevaba los objetos desde China, Tailandia y Vietnam hasta Japón, Filipinas, Indonesia e India.

Notables son las partes dedicadas al arte de India, Corea y Vietnam, pero los objetos más amplios y ricos son, naturalmente, del arte chino y japonés.

En la sección dedicada a China es posible admirar los bronces rituales pertenecientes a la dinastía Shang (siglos XVI-XI a.C.) y Zhou (siglos XI-III a.C.), las esculturas funerarias de época Tang (618-917 d.C.), espléndidas cerámicas que narran 7.000 años de cultura china, y pinturas de paisajes y estampas de la Antigüedad hasta la época contemporánea. En lo que se refiere al Japón, las colecciones presentan una parte dedicada al fascinante arte relativo al mundo samurái, con objetos ceremoniales e indumentarias, además de las cerámicas y sobre todo, las magníficas pinturas de los periodos Edo o Tokugawa.

233 Para minimizar las molestias acústicas causadas por la cercanía de una autopista, se ha garantizado la tranquilidad indispensable para apreciar las colecciones de la galería mediante el uso de materiales y aislantes apropiados. Muestras de arte antiguo y contemporáneo son organizadas en las dos plantas de la estructura. El piso bajo está dedicado al Lejano Oriente, con China, Japón y Corea, mientras que el primer piso alberga obras de arte sacro y otras tradiciones artísticas del sudeste asiático.

New Asian Galleries

234-235 La luz natural, que se filtra por las amplias superficies de cristal, puede penetrar parcialmente en el interior de la sala, permitiendo así no aislar completamente del ambiente exterior los espacios funcionales y expositivos de las galerías. La realización de la nueva ala fue dirigida en conjunto con los Juegos Olímpicos de Sydney y el centenario de la Federación australiana.

National Gallery of Victoria
MELBOURNE, AUSTRALIA

La National Gallery of Victoria es la más grande y antigua galería de arte de Australia. Fundada en 1861, como recuerda su nombre, se remonta al periodo en el que el estado de Victoria fue, alrededor de una decena de años, una colonia británica independiente con Melbourne como capital. Se trataba de un estado de dimensiones bastante reducidas, pero densamente poblado e industrializado a causa de la «fiebre del oro»; el oro fue descubierto en 1851 en las cercanías de Melbourne, año en que Victoria fue declarado colonia.

Fue de hecho en la década de 1950 cuando las dimensiones, la densidad demográfica y el peso económico de la ciudad de Melbourne crecieron de modo desmesurado. La suerte del museo está naturalmente ligada a este momento de florecimiento y riqueza. Fue un destacado y acaudalado industrial, Alfred Felton, quien autorizó, con una considerable donación, las primeras adquisiciones de obras tanto antiguas como modernas, que constituyeron un primer paso hacia el nacimiento y el crecimiento de la galería. Las colecciones estaban formadas en un principio por obras de arte aborigen y australiano, pero con el tiempo empezaron a abarcar también producciones artísticas internacionales. Hoy día, las colecciones de la galería están dispuestas en dos sedes diferentes: una histórica, la National Gallery International de Kilda Road, que alberga la colección permanente de obras internacionales ; la otra sede más reciente es la del Ian Potter Centre en Federation Square, donde se custodian las colecciones de arte australiano y aborigen.

En la década de 1990 se convocó un concurso porque era necesario reconsiderar y plantear los espacios expositivos de la

236 arriba Una fachada lineal acoge a los visitantes de la sede histórica de la National Gallery of Victoria, en St. Kilda Road. La piedra del revestimiento es lapislázuli, un tipo de mineral que fue muy usado en la zona de Melbourne hacia la mitad del Ochocientos.

236 centro y abajo La reestructuración del museo, en la década de 1990, ha transformado enteramente el complejo original (obra del arquitecto sir George Grounds, construida entre 1859 y 1868), sin alterar no obstante los caracteres básicos.

237 En una perspectiva del sudoeste, la National Gallery of Victoria está flanqueada por la aguja del Arts Centre, visible en altura y también obra de George Grounds, y por la circular Hamer Hall. En el centro de la foto se observa el Ian Potter Centre.

238-239 Obra del italiano Mario Bellini, la reordenación de la National Gallery of Victoria ha afectado sobre todo a los interiores. Bellini se sirvió de una tecnología y materiales de vanguardia, acertando en el difícil cometido de preservar lo más posible la imagen del museo en sí, un elemento urbano al que los ciudadanos de Melbourne son muy afines. Este museo custodia las colecciones más ricas y variadas del país de arte antiguo aborigen y australiano.

sede principal de Kilda Road, ya fuera por exigencias de exposición o por mejorar el disfrute y la afluencia del público. Este concurso lo ganó, por delante de otros destacados participantes como Gae Aulenti, Arata Isozaki y Ieoh Pei Ming, el arquitecto italiano Mario Bellini con un proyecto que se reveló particularmente respetuoso con la estructura anterior construida en 1968, y el valor que ésta tenía para la ciudadanía, aportando no obstante notables transformaciones mediante el empleo de materiales y tecnologías de vanguardia.

Más que una verdadera y propia reconstrucción se trató de una consistente ampliación del edificio, en el que Bellini reinventó y repensó los espacios, modificándolos sobre todo en el interior, mientras que en el exterior, para crear continuidad con el pasado, fue esencial la elección de mantener la entonación cromática del lapislázuli, un gris azulado. En su interior, además de los tres patios, de los que el central es el más amplio y está cubierto con una vidriera espectacular, se realizaron una treintena de salas de exposición, para recibir algunas permanentes, donde se colocaron colecciones que parten de la Antigüedad egipcia, griega, romana y asiática, y llegan hasta la sección representativa dedicada al arte contemporáneo. Sin embargo, son tres los macroespacios expositivos pensados para el acondicionamiento de exposiciones temporales, que junto con el inmensa entrada de acogida, las salas para eventos como conferencias y los espacios para actividades didácticas constituyen el complejo de ambientes en el que ha operado Mario Bellini y su equipo. En lo

National Gallery of Victoria

239 arriba En conjunto, el National Gallery of Victoria alberga galerías dedicadas al arte de todos los continentes, pero tiene también un auditorio y otras estructuras de servicio, como un restaurante. Con los años, el número de obras custodiadas ha crecido tanto (más de 60.000 en 2006) que ha sido necesario construir otro museo, el Ian Potter Centre, situado a unos 100 m al norte del museo (cuya denominación corriente es NGV International).

que se refiere a los aspectos museográficos, orientarse entre las diversas colecciones se ha hecho más fácil para el visitante debido a la creación de recorridos en los que cada sección está deliberadamente diferenciada de las otras por tonalidades cromáticas. Las colecciones que expone la National Gallery son en verdad muy numerosas. Sin duda, el aspecto más representativo es el relativo a la historia local, con importantes testimonios presentes en el edificio Ian Potter Centre, entre ellos la colección de arte aborigen de la población indígena de los Kulin y los habitantes de las islas del Estrecho de Torres. Además es de reseñar las presencia consistente de obras de artistas de la escuela de Heidelberg, movimiento pictórico australiano de finales del siglo XIX centrado en la representación de paisajes locales.

Muy significativa es además la colección de arte australiano de Joseph Brown, hombre de negocios , mecenas y promotor de las artes, que en 2004 donó a la National Gallery de Victoria la más vasta colección de obras de arte que el museo hubiera recibido jamás en donación, formada por alrededor de 450 obras entre pinturas, esculturas, grabados y diseños que abarcan desde el periodo del colonialismo hasta nuestros días.

En Kilda Road, entre las muchísimas obras presentes en la International Collection, encontramos el célebre *Banquete de Cleopatra* de Giovanni Battista Tiepolo, una colección de alrededor de 180 diseños de Alberto Durero y obras de Veronés, Bernini, Blake, Poussin, Pissarro, Corot, Constable, hasta Delaunay, Balthus y Bacon.

National Gallery of Canada
OTTAWA, CANADÁ

La National Gallery de Ottawa se precia de una larga historia y tradición ya que sus colecciones, ricas en obras de arte de todo el mundo y de todos los tiempos, conforman el museo más importante y representativo de Canadá. Fue fundado en 1880, cuando el gobernador general John Douglas Sutherland-Campbell, marqués de Lorne, promovió la primera muestra oficial en la primera sede temporal de la National Gallery, el Hotel Clarendon de Ottawa. Antes de recalar en su actual magnífica sede, la National Gallery tuvo que mudarse varias veces hasta que en 1882 las obras se trasladaron del Hotel Clarendon para ser llevadas a dos ambientes reestructurados junto a la sede del Parlamento. Pocos años después, en 1888 la galería fue trasladada a los locales de O'Connor Street, donde permaneció hasta 1911, cuando cambió al tercer piso del Victoria Memorial Museum en Metcalfe Street.

Fue después de la Segunda Guerra Mundial, en 1952, cuando se convocó el concurso de arquitectura para la proyección de un nuevo edificio, más funcional, que sería levantado en Cartier Square, pero el concurso fue bloqueado en 1953. La siguiente, pero todavía no sede definitiva del museo, fue el Palacio Lorne, donde el gobernador general Vincent Massey colocó la primera piedra en 1959 y a donde fueron trasladadas las obras al año siguiente. Pero en la década de 1980 se produjo el cambio definitivo se produjo en la década de 1980: el arquitecto israelí Moshe Safdie recibió en 1983 el

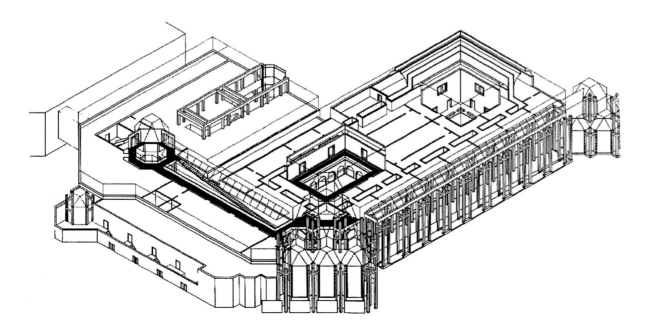

240-241 y 241 abajo El arquitecto Moshe Safdie dio vida a una reelaboración de un estilo que recuerda arquitecturas góticas presentes en ciudades, creando una correspondencia con la majestuosa belleza de las cúspides y cúpulas de la Biblioteca del Parlamento o de la basílica de Notre Dame, citando las formas, pero cambiando los materiales y, por tanto, el impacto estético.

240 abajo La National Gallery of Canada está ubicada en un edificio realizado entre 1984 y 1988. Como observamos en el diseño del proyecto, el museo tiene una planta en forma de «L» articulada en tres plantas, una de ellas subterránea.

242 Tanto de noche como de día, es la luz la encargada de expandir y definir la amplitud de los volúmenes del museo. La fórmula casi etérea elegida por Safdie sustituye magistralmente la función visual de la estructura y la de la ornamentación, plasmando un edifico completamente integrado con el ambiente que lo rodea.

243 El extraordinario juego de formas y luces hace que la arquitectura sea formalmente análoga a las características propias del gótico, pero remodeladas con ligereza y luminosidad, obtenidas por el uso de cristaleras y armazones de acero, resulta evidente observando el lucernario que domina la inmensa Great Hall.

National Gallery of Canada

244 Los ambientes del conjunto entero abarcan una superficie de alrededor de 46.621 m², de los que 12.400 albergan la exposición de las colecciones, y los otros 34.221 están constituidos de inmensos y sugestivos espacios públicos y de servicio. La idea original del arquitecto era verdaderamente la de crear, en la forma y el uso, una especie de catedral en clave moderna.

245 Uno de los espacios más sugestivos es ofrecido por el larguísimo corredor, en ligera subida, con imponentes columnas intercaladas, que conduce a los visitantes a la Great Hall.

National Gallery of Canada

encargo de proyectar el seductor edificio donde todavía reside hoy día la National Gallery. Los trabajos de construcción comenzaron en 1984 y, una vez terminados, el museo reabrió al público el 8 de marzo de 1988, en una especie de promontorio que mira al río Ottawa, en el punto de su intersección con el Redeau Canal. Los materiales empleados para su ejecución, fundamentalmente cristal, acero y granito rosa, confieren al edificio un aspecto ligero, pero a la vez cautivador y majestuoso, de una catedral moderna de larga planta en L dividida en tres pisos, uno de ellos enterrado. Las evocaciones góticas, que crean un juego de correspondencias con otros importantes edificios de Ottawa, como la basílica de Notre Dame o el Parlamento, son evidentes sobre todo en las reiteradas agujas en clave moderna, que culminan en una monumental cúspide. Pero es la estructura misma del museo la que recuerda a una catedral, porque se desarrolla longitudinalmente, creando una suerte de nave larga flanqueada por holgadas vidrieras. La amplia utilización del vidrio permite también a los visitantes mantener un contacto constante entre el interior y el exterior del museo. Además de las galerías de exposición que se extienden por más de 12.000 m², hay enormes espacios recluidos en patios cubiertos, con abundante iluminación. Entre éstos, uno de los mayores es el Great Hall al que llegan los visitantes después de haber recorrido un

246-247 y 247 La National Gallery of Canada presenta una amplia panorámica de arte de varias épocas y procedencias geográficas. Gran parte de las colecciones está dedicada al arte canadiense, sobre todo del Ochocientos. También es importante y consistente la presencia de obras del siglo XX, entre ellos un gran mural situado en el primer piso, del conceptual Sol LeWitt (abajo) expuesto junto a una escultura de Carl Andre, artista del minimalismo americano.

National Gallery of Canada

larguísimo y escenográfico corredor. De aquí se accede a los pisos expositivos: en el primer piso se hallan las Canadian Galleries, donde se exponen las colecciones de artistas canadienses y una parte de las obras de arte contemporáneas internacionales; el arte contemporáneo disfruta de grandes espacios también en la segunda planta, donde se han dispuesto los espacios deliberadamente ideados para el video-arte, además de las demás grandes secciones dedicadas al arte europeo antiguo y moderno. Aquello que más impacta de la National Gallery es sobre todo la estructura de armazones de acero que, intercalados con imponentes columnas, conforman la estructura completa del edificio, dándole monumentalidad y al mismo tiempo, ligereza. Las cúspides en las que culminan las cristaleras laminadas, junto con los armazo-

nes de acero, constituyen el esqueleto del museo y forman una serie de «pirámide» cortada de cristal, creando un estilo gótico moderno. Sin embargo, a diferencia de lo que ocurría con las vidrieras rojas de las catedrales del pasado, la transparencia del vidrio permite a los visitantes de la National Gallery disfrutar de vistas panorámicas del exterior. En el interior de las salas de exposición se puede admirar una rica colección de diseños y grabados, que cubren un arco cronológico que va desde el arte antiguo hasta el contemporáneo.

248-249 A pesar de lo larga (más de 150 m), la fachada del Museum of Fine Arts de Boston está articulada en un pórtico de entrada, flanqueado por dos cuerpos avanzados que dan ligereza al conjunto. El palacio, de estilo neoclásico, fue edificado entre 1907 y 1909 bajo la dirección del arquitecto Guy Lowell. Frente al museo está colocada la Llamada al Gran Espíritu, estatua ecuestre en bronce de Cyrus Dalling en 1909.

248 abajo y 249 abajo Las famosas colecciones de arte egipcio del museo de Boston, uno de los motivos de orgullo del museo, están albergadas en el segundo piso del edificio.

249 arriba Un diseño del estudio de I. M. Pei ilustra la reordenación del edificio, con la ampliación de una sala oeste espaciosa y luminosa, usada para custodiar muestras temporales. El ala es visible a la izquierda del cuerpo principal del edificio.

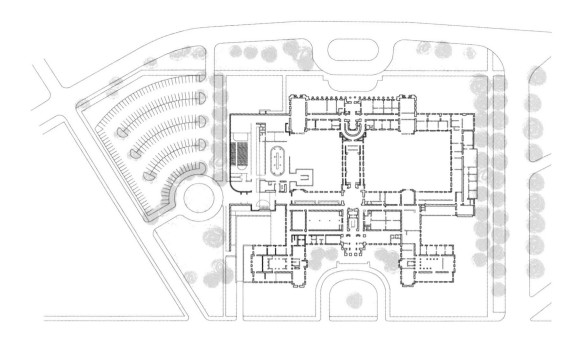

Museum of Fine Arts

BOSTON, EE.UU.

El Museum of Fine Arts de Boston es uno de los más importantes de Estados Unidos y guarda entre sus colecciones un vasto y preciado patrimonio de carácter enciclopédico, que comprende una inestimable compilación de obras de arte, arqueología y diseño que van desde el arte prehistórico hasta la Antigüedad incluidas también las producciones artísticas contemporáneas, de las procedencias más dispares de Oriente y Occidente. Fundado en febrero de 1870, abrió oficialmente sus puertas al público en 1876, siendo su primera sede un palacio neogótico revestido de ladrillos rojos y decoración en terracota, proyectado por los arquitectos John H. Sturgis y Charles Brighman, en Copley Square. La primera fase de construcción del edificio fue realizada entre 1876 y 1890, y los trabajos fueron retomados varias veces en un intento de estar a la par del crecimiento continuo y extraordinario de las colecciones. Al final del siglo XIX se tomó la decisión de trasladar el museo a una nueva sede ya que la de Copley Square carecía de posibilidades para nuevas ampliaciones, por tanto entre 1907 y 1909 las colecciones se trasladaron a la sede actual: el imponente y majestuoso palacio neoclásico que mira a Huntington Avenue, mientras que la vieja sede fue, poco después, transformada en el Copley Plaza Hotel. El nuevo museo fue proyectado por el arquitecto Guy Lowell con características absolutamente en sintonía con las tendencias arquitectónicas de la época: edificado en mármol y granito presenta una fachada con tímpano sostenido por una imponente columnata, detrás de la cual se atisba la cúpula central. En la parte interna de la estructura hay dos patios amplios alrededor de los cuales están dispuestos los cuerpos del edificio que albergan las salas expositivas.

También, después del traslado a la nueva sede continuaron los trabajos de ampliación y habilitación del museo, posibles casi siempre por grandes financiaciones privadas. En 1915 se abrió el ala Robert Dawson Evans Wing, en 1921 el artista americano pintó los frescos en las paredes de la sala de la rotonda y la columnata. También se construyó un ala entera dedicada a las artes decorativas, proyectada también por Lowell y abierta al público en 1928, agrandada después con la Forsyth Wickes Addition en la década de 1960. Además, se trasladó a Huntington Avenue la sede de la Academia del Museo, reacondicionada en la década de 1980, en la que se formaron importantes artistas norteamericanos.

Pero el hecho más importante y destacable que permitió al museo de Boston adquirir una mayor superficie expositiva fue la aportación del arquitecto chino Ieoh Ming Pei, notable autor también de la ampliación del Museo del Louvre en París. Sobre el pro-

Museum of Fine Arts

250 y 251 Entre los elementos que prevalecen arquitectónicamente y artísticamente en el Museum of Fine Arts figuran la rotonda y la escalinata monumental, obras refinadas y equilibradas, exquisitamente adornadas con un simbolismo muy significativo para este importante museo, uno de los medallones de la decoración representa a Atenea en el acto de tutelar la Arquitectura, Pintura y Escultura del deterorio causado por el tiempo. El artífice de la decoración pictórica fue John Singer Sargent, que trabajó entre 1916 y 1925, y que se ocupó también de los frescos de las salas principales del museo. Guy Lowell, arquitecto que proyectó el museo, fue autor de otros importantes edificios de Nueva Inglaterra.

252-253 y 253 arriba La
concepción hiperlineal de la
arquitectura de I. M. Pei se
manifiesta en cada detalle de la
West Wing del museo. Aquí
ilustrada, aparece la entrada del
museo, con la escalera que da
acceso a la Galería superior. Esta

última, visible arriba a la derecha,
ofrece amplias posibilidades
expositivas y condiciones óptimas
para disfrutar de las obras de
arte, gracias a la luminosidad
natural del ambiente y a la
genérica racionalidad de la
concepción.

253 abajo La influencia de la
Bauhaus de Walter Gropius se
advierte fácilmente en el exterior
de la West Wing: el racionalista
espíritu de I. M. Pei concede
poco a lo «no funcional». Arriba a
la derecha se ve una parte de la
bóveda acristalada de la Galería.

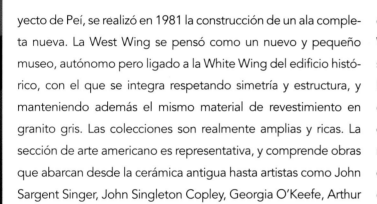

Museum of Fine Arts

yecto de Peí, se realizó en 1981 la construcción de un ala completa nueva. La West Wing se pensó como un nuevo y pequeño museo, autónomo pero ligado a la White Wing del edificio histórico, con el que se integra respetando simetría y estructura, y manteniendo además el mismo material de revestimiento en granito gris. Las colecciones son realmente amplias y ricas. La sección de arte americano es representativa, y comprende obras que abarcan desde la cerámica antigua hasta artistas como John Sargent Singer, John Singleton Copley, Georgia O'Keefe, Arthur

del siglo XX, y hay obras maestras que van desde Rogier van der Weiden y Rosso Fiorentino hasta piezas extraordinarias de Picasso y Matisse, además de diseños de Durero, Goya, Munch, Degas, por citar sólo algunos. Una de las más ricas es también la colección de pintura francesa del XIX que cuenta con alrededor de 16.000 pinturas en las que es posible admirar conquistas y revoluciones pictóricas prevanguardistas, realizadas por pintores de la escuela de Barbizon, impresionismo y postimpresionismo, entre las que destacan las numerosas obras de Jean-François

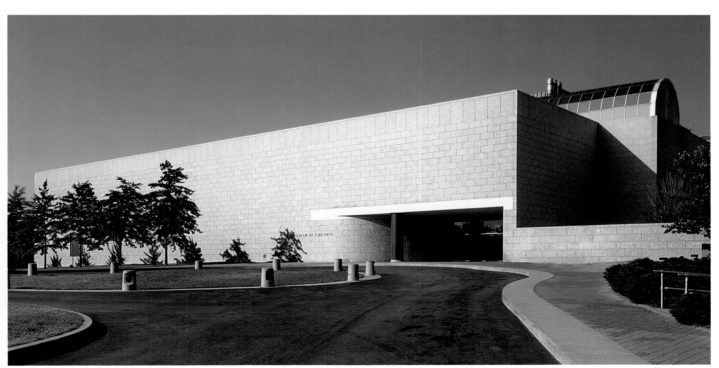

G. Dove, Charles Sheeler y Stuart Davis. Las secciones de arte antiguo están formadas por un inestimable patrimonio de objetos procedentes de todo el mundo: antiguo Egipto, Grecia, Etruria y la antigua Roma, además de Asia, África y Oceanía. La colección de arte asiática, y en particular la dedicada al arte japonés, está considerada como la más importante de Estados Unidos. De épocas más recientes son las secciones destinadas al arte europeo en un arco cronológico que va desde el Renacimiento al arte

Millet e Claude Monet. En cuanto al arte contemporáneo desde la década de 1960 hasta hoy, encontramos obras de artistas del calibre de Andy Warhol, Jim Dine, Georg Baselitz, Mona Hatoum, David Hocney, Anselm Kiefer y Christian Boltansky. De notable interés son también las colecciones relativas al arte textil y a la historia de la indumentaria, y las concernientes a los instrumentos musicales, que abarca rarezas desde la Antigüedad hasta hoy día, procedentes de todo el mundo.

Metropolitan Museum of Art

NUEVA YORK, EE.UU.

El Metropolitan Museum of Art de Nueva York, uno de los más importantes museos americanos y el más grande museo de arte de América del Norte nació de la idea de un grupo de ciudadanos norteamericanos apasionados por el arte, que decidieron dar vida a una institución que pudiese promover y divulgar la historia y la educación del arte de su país. El nacimiento del Met como institución se produjo en 1870; en el mismo año el museo fue reconocido por el Estado de Nueva York y adoptó el nombre con el que es conocido hoy día en todo el mundo. Su primera sede provisional estuvo en la Quinta avenida, pero a medida que el espacio se reveló insuficiente, nació la exigencia de encontrar un espacio más adecuado. Sólo en 1880 las colecciones fueron trasladadas a la sede definitiva, en Central Park. Ésta es una construcción neogótica en ladrillo rojo, con techo de chapa y provista de claraboyas, que fue proyectada por los arquitectos Calvert Vaux y Jacob Rey Mould. Sin embargo, la fachada fue diseñada en 1895 por Richard Morris Hunt y fue terminada, junto con algunos imponentes trabajos de ampliación, a principios del siglo XX.

En 1913 el museo fue provisto con las alas norte y sur, de los arquitectos McKim, Mead y White, pero con las ampliaciones posteriores periódicas (seguramente sin terminar todavía) apenas queda algo visible externamente de lo que fue el edificio original. Lo que queda se puede encontrar en el ala Lehman, muy reconocible, en la parte occidental del museo, por la forma piramidal concebida por el estudio Roce, Dinkerloo y asociados en 1975, y en el patio de las esculturas europeas, en el ala meridional del edificio. En años más recientes, se agregaron varios añadidos arquitectónicos, con amplio uso de vidrieras y claraboyas, para las diversas colecciones. El complejo se engrandeció por tanto, en el ángulo nordeste (1979), en el noroeste (1980), en el sur (1982) y en el suroeste (1987) llegando a cubrir en 2006 casi 200.000 m² de superficie sobre una extensión longitudinal de 400 metros: como si al edificio original de Vaux y Wrey Mould se le hubieran agregado otros 19 idénticos.

Desde el inicio de la historia de la nueva sede, su creciente prestigio persuadió a muchos coleccionistas a donar al museo sus propias colecciones, como hicieron Catharine Lorillard Wolfe

254 y 254-255 El Metropolitan Museum of Modern Art, situado en Central Park, en el corazón de Manhattan, es uno de los más grandes e importantes museos americanos. El amplio edificio neogótico que lo alberga, proyectado por Calvert Vaux y Jacob Wrey Mould, está todavía presente en la estructura, a pesar de haber sido ampliado por todos los lados excepto en la fachada.

255 abajo El museo, sujeto a una evolución periódica debido al enriquecimiento continuo de sus colecciones, muestra aspectos muy diferentes según desde el punto de vista que se observe, como demuestran estos dos escorzos, donde se reconocen un detalle del moderno Roof Garden (a la izquierda) y la fachada neoclásica de edificio (a la derecha).

256-257 Decididamente fascinante es la Engelhard Court, situada en el ala del museo dedicada al arte americano. En el lado septentrional del amplio espacio, acondicionado como un jardín y provisto de bancos de madera, mira a la fachada del United States Branch Bank, reconstruida para salvarla de ser desmantelada.

Metropolitan Museum of Art

con sus 143 obras maestras de la escuela de Barbizon, y Erwin Davis, que donó dos obras maestras de Manet. El núcleo originario de sus colecciones estaba constituido principalmente por colecciones de pinturas de las escuelas neerlandesa, flamenca e italiana. En 1874 el museo recibió una amplia colección de antigüedades griegas y chipriotas; en 1901 un ilustre propietario de una fábrica de locomotoras dejó al museo un fondo económico tan considerable que le permitió la autofinanciarse.

En los primeros años del siglo XX se comenzó también a adoptar diferentes estrategias políticas y culturales por parte de los dirigentes del museo, vinculadas siempre al aumento de sus colecciones, soportadas por las administraciones ciudadanas y por las más importantes dignidades políticas nacionales. Figura clave fue el presidente John Pierpont Morgan, gran magnate quien llamó a formar parte del consejo de administración a importantes personajes de los negocios y coleccionistas para intentar así obtener las más grandes obras maestras de todo el mundo. Morgan se ayudó incluso del importante crítico de arte Roger Fry, que con iniciativa logró llevar al museo obras de Giotto, Carpaccio, Bosch, Bruegel, Delacroix, Tintoretto y Rubens. Le siguió después, como cuidador de la sección de pintura, la colaboración de Bryson Burroughs. Entre las importantes donaciones que siguieron después se encuentra la de Benjamin Altman, propietario de una cadena de grandes almacenes, quien donó al museo una gran colección que comprendía porcelanas chinas, esculturas renacentistas, obras de orfebrería y muchísimas pinturas; también está la de Louise Havemeyer y Henry Osborne formada por cerca de 150 obras del ochocientos francés, y la de J. Pierpont Morgan Jr. que regaló alrededor de 7.000 piezas de arte bizantino. En cuanto al arte contemporáneo están

256 abajo Las colecciones del Met, que inicialmente fueron constituidas por sólo 174 pinturas, comprenden hoy más de dos millones de obras de arte de todas las épocas, de la Antigüedad a la modernidad. Entre las más de 20 secciones temáticas, una de las más prestigiosas es la dedicada al arte europeo, y en particular la de escultura antigua, para la que se han realizado trabajos de

reacondicionamiento en la New Greek y Roman Galleries.

257 Un atrio inmenso constituye la entrada de acogida para los visitantes del Metropolitan Museum of Art de Nueva York, uno de los museos americanos más importantes del mundo, nacido en 1870 gracias a la voluntad de algunos ciudadanos apasionados por el arte.

258-259 y 259 arriba La Carroll and Milton Petrie Court, en la que está colocada la sección dedicada a la escultura europea, es un espacio que recuerda a los clásicos jardines franceses. Hay expuestos ejemplos de estatuas del siglo XV al XIX, originalmente nacidos para ser expuestos al aire libre.

Metropolitan Museum of Art

las célebres donaciones de Gertrude Stein, quien donó al museo el retrato que le hiciera Picasso en 1906, y la más reciente donación de David y Natasha Gelman que permitió al museo estar en la vanguardia al frente del arte moderno y contemporáneo. Gracias a todas estas donaciones y a muchas otras, el Met ha llegado a asumir las dimensiones y colecciones actuales, constituidas no sólo por las secciones dedicadas a la pintura europea y nórdica, sino también soberbias colecciones de antigüedades grecorromanas, precolombinas, asirias, babilonias, islámicas, egipcias, asiáticas, chinas y japonesas. No se pueden

258 abajo Pasada la entrada de acceso, el interior del edificio mantiene lo que la fachada neoclásica promete: en este caso, una alternancia de columnas adosadas a soportes armoniza perfectamente con la colección de arte griego y romano custodiada en el segundo piso.

pasar de largo las secciones dedicadas a las armas y armaduras medievales, la de artes aplicadas del medievo hasta nuestros días, las partes dedicadas a los instrumentos musicales y a la historia de la moda y la indumentaria y, naturalmente, la más importante, con las secciones dedicadas al arte americano hasta la época actual. El Met, complejo museístico extremadamente rico y diversificado, puede contar además con importantes muestras temporales que, en aproximadamente 300 al año, caracterizan su vital producción cultural.

259 abajo En el amplio ambiente que alberga la reconstrucción del templo de Dendur, procedente de Nubia, hay estanques de agua, plantas de papiros e imponentes esculturas que evocan una atmósfera egipcia. Donado por Egipto a EE.UU. en 1965, el templo fue acondicionado en el ala Sackler en 1978.

Museum of Modern Art

NUEVA YORK, EE.UU.

Cuando nació, en 1929, el Museum of Modern Art (Museo de Arte Moderno) estaba formado por seis salas alquiladas, con espacios para exposiciones y oficinas, del Heckscher Building en la Quinta Avenida. Hoy es el museo de arte moderno más importante del mundo, ya sea por el valor de las obras de sus colecciones (más de 150.000 que cubren un arco cronológico que abarca desde fines del siglo XIX hasta nuestros días), o bien sea por su historia de museo pionero, protagonista del arte y la museología novecentista.

Las primeras colecciones del MoMA, derivadas de la unión de las colecciones privadas de tres grandes apasionados como Lillie P. Bliss, Mary Quinn y Abby Aldrich Rockefeller, con las obras adquiridas en Europa por Alfred H. Barr, primer director histórico de la institución, fueron trasladadas al palacio propiedad de Rockefeller, en la calle 53 en 1932. Algún año después, en 1939, el MoMA fue nuevamente trasladado y acondicionado en un edificio de seis plantas realizado según los proyectos de los arquitectos Philip Goodwin y Edward Durrel Stone, y que contaba además con el famoso jardín diseñado por John McAndrei. Este año además fue el de una importantísima adquisición: *Las señoritas de Aviñón* de Picasso, pintura clave para la comprensión y el desarrollo de todo el arte moderno.

Pero las colecciones aumentaron siempre a ritmo creciente, paralelamente al nacimiento del archivo Mies van der Rohe, del departamento de arte gráficas y de la biblioteca. Se impuso por tanto la necesidad de espacios más amplios. Los trabajos para ampliar el ala oeste del museo fueron confiados al arquitecto Cesar Pelli en 1984, pero el problema surgió en la década de 1990, por lo que en 1997 se convocó un concurso para proyectar una nueva sede museística, que imponía correr el riesgo de abandonar la vieja sede histórica y volverla a pensar y proyectar. Resultó vencedor el arquitecto japonés Yoshio Taniguchi.

El Museum of Modern Art de Nueva York, después de alrededor de cuatro años de trabajo y una fase temporal en la que las colecciones fueron expuestas en el MoMA Queens de Long Island, reabrió sus puertas en 2004 con una apariencia renovada, en el 75 aniversario de su fundación, con una superficie de más de 185.000 m². El edificio, dedicado a David y Peggy Rockefeller, está constituido por cinco plantas de espacios para exposiciones, con un total de alrededor de 65.000 m², donde se alternan ambientes más amplios, al estilo *loft*, adaptados a las instalaciones de grandes dimensiones, y salas y galerías de menores y más íntimas dimensiones.

260 El MoMA, que en 2004 reabrió sus colecciones al público en la nueva sede de Manhattan, firmado por el arquitecto Yoshio Taniguchi, cubre una amplia superficie, distribuida en cinco plantas con salas expositivas, oficinas, espacios para actividades didácticas, auditórium, biblioteca, archivo y el Sculpture Garden.

261 Según el proyecto de Taniguchi, el MoMA tiene acceso desde la calle 53 y desde la calle 54. Desde el exterior se percibe la estructura en vidrio y acero.

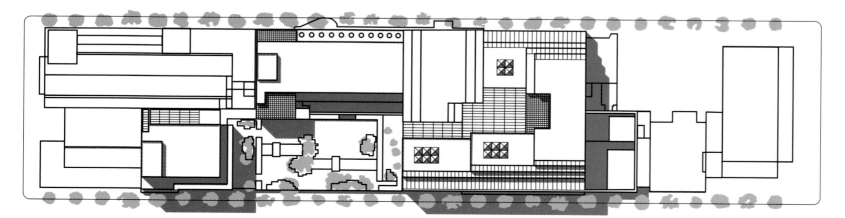

Museum of Modern Art

262 arriba y 262-263 En el centro del enorme atrio de acceso se encuentra como protagonista el Obelisco despedazado, 1967 de Barnett Newman, 1905-1970, artista americano que operaba en el ámbito del expresionismo abstracto y el llamado «colorfield painting» junto con Mark Rothko,

Ad Reinhardt y Clifford Still. En los vastos espacios del segundo piso del MoMA, deliberadamente similares a un gran loft, encuentran colocación y amplio respiro esculturas e instalaciones de grandes dimensiones del arte visual moderno y contemporáneo.

262 abajo El proyecto con el que Taniguchi ganó el concurso para la construcción de la nueva sede del museo, batiendo a concursantes de gran prestigio como Berbard Tschumi y Rem Koolhas, se distinguió por la simplicidad y la ligereza

minimalista con las que ha cuidado cada ambiente y detalle. Es famosa la frase del arquitecto después de la victoria: «Si reunís mucho dinero os daré buena arquitectura, pero si reunís todavía más, la haré desaparecer».

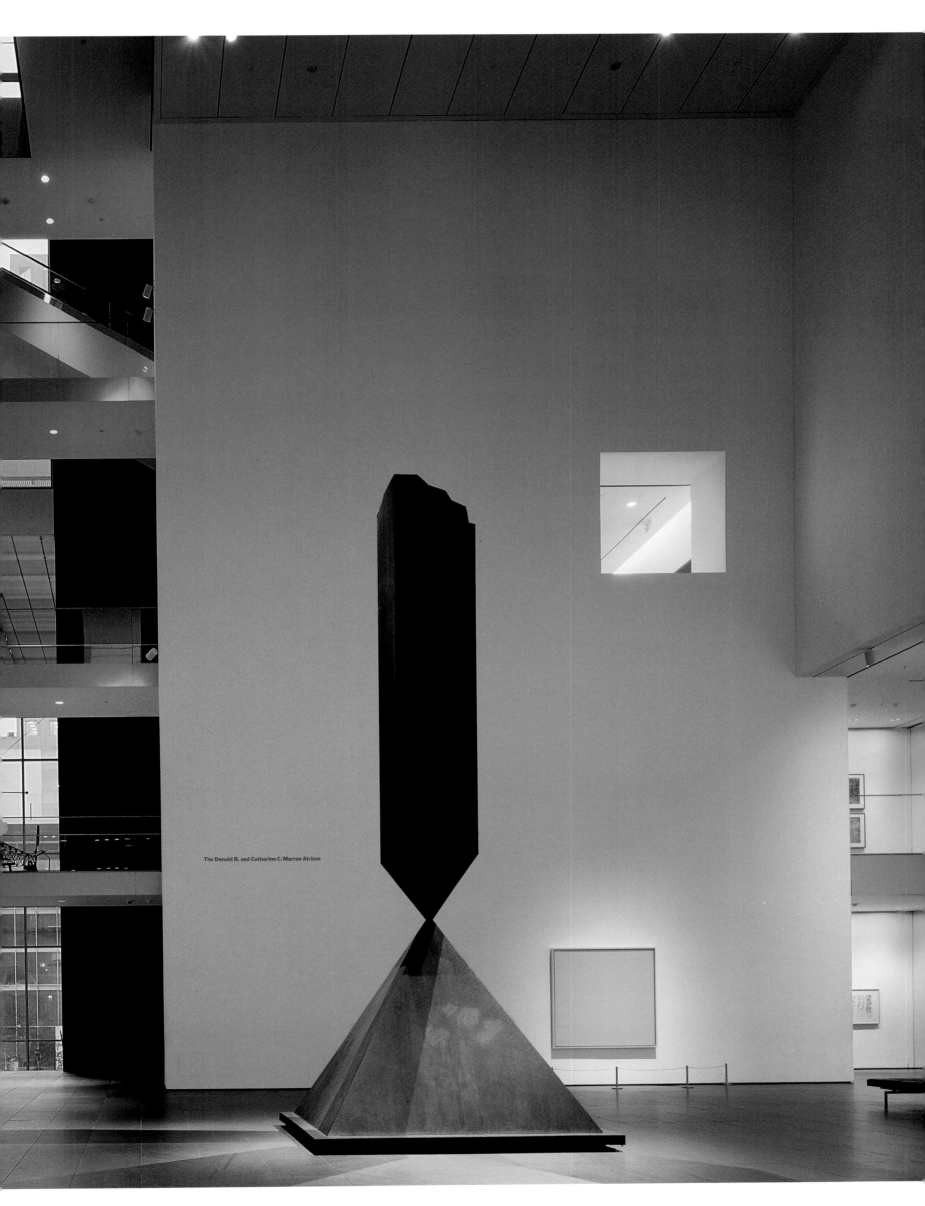

The Donald B. and Catherine C. Marron Atrium

Museum of Modern Art

264 Abierto en 1939, desde 1953 el jardín de las esculturas está dedicado a Abby Aldrich Rockefeller, una de las grandes coleccionistas norteamericanas que marcaron el inicio de la historia del MoMA. Todavía hoy el jardín, desde el que son visibles a través de las vidrieras, escorzos de salas expositivas, mantiene las características originales del diseño de Philip Johnson.

265 arriba y abajo Pese a la apariencia lineal del proyecto, el David and Peggy Rockefeller Building es una estructura articulada y sobre todo compleja.

Los seis pisos expositivos están destinados a la colección principal y, en el nivel más alto (conjuntamente capaz de albergar tres muestras) a las exposiciones temporales iluminadas por la luz natural que se filtra a través de lucernarios.

266 Las amplias salas, que acogen las secciones dedicadas al diseño y que albergan, entre otras, la exposición de sillas en estilo Rietveld, Guimard y Henry Van Der Velde, se han enriquecido con recientes adquisiciones que permiten a los visitantes recorrer las principales evoluciones de las artes aplicadas del siglo XX.

266-267 y 267 abajo a la derecha El departamento de arquitectura y diseño es uno de los más importantes del museo. Nacido en 1932, alberga una colección muy variada y permite profundizar en los principales desarrollos acontecidos en este sector desde el Art Noveau hasta la

Bauhaus y del Racionalismo a las tendencias más actuales.

267 abajo a la izquierda Una de las obras más importantes de la colección del MomA es la escultura de Umberto Boccioni, padre del Futurismo italiano, titulada Formas únicas de la continuidad del espacio, 1913.

Cada espacio, pensado y proyectado para acoger concretamente las colecciones del MoMA, presenta una linealidad uniforme y geométrica, carente de espectacularidades y líneas curvas. El vestíbulo Donald B y Catherine C. Marron fue pensado por Taniguchi como un verdadero y propio espacio urbano, como si se tratase de una continuación de la calle, donde la protagonista es la plataforma suspendida a 33 metros sobre el nivel de la calle, que sirve de acceso además a los tres recorridos posibles de las secciones del museo. Las amplias cristaleras ofrecen también, ya sea desde el vestíbulo o desde los diversos niveles de las escaleras, amplias vistas del jardín de las esculturas. En el lado opuesto al edificio Rockefeller se encuentra el nuevo centro de estudio e investigación del MoMA, consagrado a Lewis B. y Dorothy Cullman, y sede de los ambientes acondicionados para acoger a estudiantes y cualesquiera actividades didácti-

cas, además de un vasto auditorio, una biblioteca, un archivo y una sala de lecturas. Para el jardín de esculturas, Abby Aldrich, Taniguchi mantuvo el diseño original de Johnson del 1953, aunque ampliando las dimensiones y añadiendo una terraza que hoy forma parte del restaurante del museo.

Como se leía en los carteles publicitarios diseminados por Nueva York en espera de la reapertura del museo, «New York is modern again» (Nueva York es moderna otra vez). La fascinación del MoMA se ha mantenido gracias a la presencia de sus obras maestras, entre las que destacan Noche estrellada de Van Gogh, El sueño de Henri Rosseau, Estudio en rojo de Henri Matisse, Las señoritas de Aviñón y La pesca nocturna de Picasso, La ciudad despierta de Boccioni, y más obras importantes de Kasimir Malevich, Jackson Pollock y Jasper Johns.

Museum of Modern Art

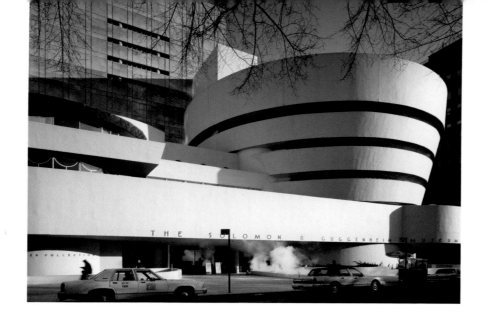

Guggenheim Museum

NUEVA YORK, EE.UU.

Situado en el corazón de Manhattan, en la Quinta Avenida de Nueva York, el Solomon R. Guggenheim Museum es uno de los museos más importantes de arte moderno y contemporáneo del mundo y, a su vez, una de las más famosas obras maestras de la arquitectura del novecientos.

La historia de ese museo está fuertemente ligada a la de su fundador, de quien lleva el nombre: Solomon R. Guggenheim (1861-1949) fue un rico industrial y filántropo que comenzó a interesarse por el arte moderno hacia fines de la década de 1920. Gracias también a los inteligentes consejos de una joven artista alemana, llamada Hila Rebay, Guggenheim comenzó a adquirir obras de artistas vivos, entonces importantes protagonistas de las vanguardias, pero no apreciados todavía por la crítica del público. En 1930 su colección se ubicaba en un apartamento del Hotel Plaza, y Hila Rebay comenzó a organizar pequeñas exposiciones para el público, entre ellas una muestra itinerante en Estados Unidos, titulada *Solomon R. Guggenheim Collection of Non-Objective Paintings*. En los años siguientes, debido a las nuevas adquisiciones y al aumento de importancia de las colecciones, se puso de manifiesto la intención de encontrar un espacio idóneo en el que exponer permanentemente las obras de la colección. En 1937 se establece la Fundación Solomon R. Guggenheim dedicada a la difusión y exposición del arte al público, y gracias al acuerdo con el consejo de administración de la ciudad de Nueva York, la idea de fundar un museo se convierte en una intención cada vez más concreta. En junio de 1943 Frank Lloyd Wright, el más importante arquitecto contemporáneo norteamericano, recibió una carta de Solomon Guggenheim

y Hila Rebay, nominada directora de la fundación, en la que se le proponía el encargo de proyectar el museo. Tras varias controversias, se localizó la zona mejor adaptada para la construcción del edificio y aunque hubo divergencias entre las intenciones de los proyectos de Wright y los deseos de sus clientes, los trabajos comenzaron en 1957 y terminaron en 1959, diez años después de la muerte de su fundador al que fue dedicado como tributo y memoria. Ni siquiera Wright verá su trabajo terminado puesto que falleció pocos meses antes de su inauguración.

El museo abrió sus puertas al público el 21 de octubre de 1959, creando consternación y entusiasmo a causa de una estructura que, en aquellos años, se presentaba como algo totalmente innovador y nunca visto, y cuya originalidad era todavía más evidente si se comparaba con la geometría regular de las arquitecturas circundantes. Wright proyectó el Guggenheim intentando crear no una estructura de forma geométrica estática, sino sobre todo un edificio que pudiera expresar desde el exterior y el interior la plasticidad formal típica de elementos vitales y orgánicos. La forma en la que se inspiró para elaborar el proyecto del museo fue la serpentiforme y curvilínea, de una «espiral volteada» realizada en cemento blanco que se desarrolla de abajo hacia arriba aumentando de diámetro, mientras sus líneas rotatorias crean los cuatro niveles expositivos. Además del impacto desde el exterior, el elemento más innovador que impacta a todos los visitantes que lo recorren es el de la rampa helicoidal que sirve de acondicionamiento para las obras. La espiral se abre en su interior en un vasto espacio central sobre el que, a una altura de alrededor de 30

---

268 El Guggenheim Museum con su estructura circular y plástica, en contraste con los otro edificios, se convierte en elemento de ruptura.

269 El impacto singular del exterior del edificio se debe en gran parte a la fascinante sucesión de pisos vacíos y llenos,

que deriva de la forma en espiral desparramada de la que partió Wright para elaborar el proyecto.

270-271 Desde el centro del atrio se goza de la vista de los pisos expositivos y de la alternancia de seis niveles inclinados.

272 El espacio interno del Guggenheim Museum de Nueva York provoca una implicación en el visitante atípico por los espacios expositivos. Las obras se convierten en parte de una instalación, una obra de arte alargada, en el que el descenso a los diversos niveles implica no sólo la percepción de las obras expuestas, sino también del espacio arquitectónico.

273 arriba Uno de los aspectos más interesantes del proyecto de Frank Lloyd Wright es el de permitir que surjan, desde cualquier galería, las obras expuestas en los otros niveles.

273 abajo La entrada del museo, que en la fotografía se capta desde arriba, presenta un amplio vestíbulo de acogida, donde se encuentran las primeras obras en exposición.

Guggenheim Museum

metros, se alza la cúpula de cristal. Los visitantes son invitados a descender por la rampa, caracterizada por una ligera inclinación, y a recorrer el espacio de exposición constituido por otros 70 pequeñas galerías, viviendo así una relación más directa y envolvente con la obra. En 1993 se terminaron los trabajos de un espacio añadido, la Tower Galleries, proyectada por el arquitecto Charles Gwathmey: se trata de un edificio de diez plantas situado detrás de la construcción original de Wright, necesario para disponer de nuevos espacios para exposición.

Después de la dirección de Hila Rebay, siguieron otros importantes directores como Thomas M. Messer y Thomas Krens, que además de aumentar las colecciones de la Fundación, sentaron las bases de la actual red internacional de los museos Guggenheim, que tiene sedes en Bilbao, Berlín, Las Vegas y, naturalmente, Venecia. Peggy Guggenheim, sobrina de Solomon, dejó a su muerte la propiedad de su increíble colección a la Fundación, con tal de que permaneciese en su casa-museo de Venecia.

Las piezas de este museo abarcan desde las vanguardias históricas de principios del siglo XX hasta el arte del siglo XXI y comprende una riquísima colección de obras de artistas como Paul Klee, Pablo Picasso, Georges Braque, Piet Mondrian, Joan Miró y Marc Chagall; otra parte del museo está dedicada a esculturas y pinturas del Minimalismo americano de la donación del conde Giuseppe Panza di Biumo, mientras una sección entera está formada por la Colección Justin K. Thannauser, donada al museo en 1976, y que comprende obras de impresionistas y postimpresionistas.

Smithsonian Institution

WASHINGTON D.C., EE.UU.

La Smithsonian Institution es uno de los grupos museísticos más grandes del mundo, y comprende en su red 18 museos y el Jardín Zoológico Nacional.

La sede principal de la institución está en Washington D.C., en un castillo de estilo románico-gótico proyectado por el arquitecto James Renwick. Con el tiempo, la silueta del edificio se ha convertido en el logotipo de toda la fundación. En total, estos museos conservan más de 142 millones de objetos, y la institución además de las galerías y centros de exposición, alberga una serie de prestigiosos centros de investigación empeñados en actividades de formación e instrucción del público mediante un servicio que trata de alimentar en los ciudadanos el amor al estudio de las artes, las ciencias y la historia americana. El Smithsonian nació en 1846, gracias a la donación efectuada a Estados Unidos por John Smithson, un científico británico, a su muerte en 1826. El científico, que no había visitado nunca Estados Unidos declaró en su testamento que si su sobrino hubiera muerto sin hijos, Estados Unidos heredaría todo su patrimonio, especificando que tal gesto fue dictado por el deseo de «aumentar y difundir el saber» mediante la institución de una fundación con fines principalmente educativos. Nueve de los museos pertenecientes a la red Smithsonian se encuentran a lo largo del National Mall, entre el monumento a Washington y el Capitolio, mientras un complejo subterráneo de tres pisos alberga otros dos museos y el S. Dillon Ripley Centre, que está formado por la International Gallery, oficinas y aulas para estudio. Otros cinco museos y el Jardín Zoológico encuentran, sin embargo, en otras zonas de la ciudad de Washington, mientras que en la ciudad de Nueva York hay dos sedes destacadas: el Cooper-Hewitt National Design Museum y el National Museum of the American-Indian. La mayor parte de los museos está dedicada de hecho a la historia, la sociedad y la cultura americana, y precisamente por ello dos de los museos más representativos son el National Museum of American History y el National Museum of Art History. El primero abrió al público en enero de 1964 como Museo de la Ciencia y

274 arriba La situación geográfica de la Smithsonian Institution, con el Capitolio al este, no podría ser más monumental. El conjunto, sin embargo, alberga sólo la mitad de los museos que forman la institución.

274 abajo El Art & Industries Building está incluido en lo que fue el núcleo museístico de la Smithsonian Institution, inaugurado en 1876, y que es considerada la obra de arte de su proyectista, Adolf Cluss.

274-275 Una vista del lado sur del National Mall abraza la parte más significativa del conjunto: al centro, la sede del Art & Industries Museum, arriba a la izquierda el Smithsonian Castle, obra de James Renwick terminada en 1855, y abajo a la izquierda el pequeño pero elegante pabellón de acceso al National Museum of African Art, cubierto de cúpulas, que ha pasado a formar parte del Smithsonian en 1979.

de la Técnica, y tomó su nombre actual en 1980. Su construcción se produjo gracias a la voluntad del presidente Dwight D. Eisenhower quien hizo aprovisionar una considerable suma de dinero para la fundación. Los trabajos empezaron en 1961 según los proyectos de los arquitectos McKim, Mead y White, pero la disposición actual deriva de la reciente fase de renovación y reconstrucción. El cambio de denominación a National Museum of American History, producida como hemos mencionado, en 1980 fue un intento de representar lo mejor posible el sentido y la finalidad de sus colecciones, dedicadas totalmente a contar, coleccionar y custodiar todo tipo de objetos importantes para comprender la historia del pueblo norteame-

ricano. El museo dedicado a las artes norteamericanas es, en cambio, el Smithsonian American Art Museum, que comprende obras de arte y artistas exclusivamente procedentes de Estados Unidos. La colección original del museo, iniciada en 1829 (es la colección federal americana más antigua) se convirtió en uno de los núcleos centrales de la Smithsonian en 1849, año de fundación de la institución. Su nacimiento se produjo gracias a John Varden, un ciudadano de Washington que donó su inicialmente modesta colección para constituir algún día un museo nacional permanente. La primera sede museística fue la propia casa de Varden, y después en 1841 la colección se transfirió al Castillo del Smithsonian y por fin al recién constru-

276 Una de las construcciones más notables de la Smithsonian Institution, ahora sede del American Art Museum, fue uno de los primeros edificios públicos de Washington, terminado en 1867. La inspiración general del pórtico en la fachada es el Partenón de Atenas, que confiere al conjunto una notable sobriedad y compostura, muy adaptada a la importancia de las colecciones. El patrimonio del museo comprende 39.000 obras, incluido el célebre retrato de George Washington.

277 La Great Hall del American Art Museum, que también contiene la National Portrait Gallery, está iluminada por un notable lucernario de base octogonal. Los techos, elegantemente enfoscados, están realizados en ladrillo. Dado su particular valor arquitectónico (Robert Mills está considerado uno de los más geniales arquitectos estadounidenses), el edificio fue incluido en un vasto programa de reestructuración del centro de Washington.

Smithsonian Institution

do Patent Office Building, donde se encuentra todavía hoy. Otra parte fundamental de la Smithsonian Institution, la más querida y visitada por el público, es el Smithsonian National Air Space Museum, dedicado a la historia del vuelo, a la historia de la aviación y de la conquista del espacio. Primero entre todos, uno de los broches de oro del museo es la presencia del original Ryan NYP, que pasó a la historia como el «Spirit of Saint Louis», el avión protagonista con su famosísimo piloto Charles Lindbergh, del primer vuelo sin escalas de Nueva York a París, acaecido en mayo de 1927. Esta aventura da idea de cómo la conquista del vuelo modificó el modo de vivir del ser humano, cambiando sobre todo nuestro concepto de distan-

cia. Pero para testimoniar el verdadero comienzo de la historia del vuelo, está en el museo la más famosa aeronave de todos los tiempos, la increíble Flyer One, el primer avión de la historia que completó un verdadero vuelo autónomo y pilotado el 17 de diciembre de 1903 gracias a la inventiva de los hermanos Wright. El museo contiene más de una veintena de amplias salas en las que es posible recorrer toda la historia del vuelo, desde estas primeras aventuras hasta llegar a la década de 1930, a las empresas de la aviación militar, a los aviones de combate y de transporte. Obviamente no falta la sección dedicada a la exploración espacial. Otro interesante museo de la red Smithsonian es el más reciente Hirshhorn Museum y Sculp-

278 arriba y 278-279 Verdadero templo de la epopeya aeronáutica, el Air and Space Museum contiene 22 galerías expositivas dispuestas en dos plantas. El edificio, situado en la parte meridional del National Mall, ha conmemorado en 2006 los 30 años de su inauguración, acontecida en 1976.

278 centro Al oeste del Air and Space Museum surge uno de los cuerpos más interesantes del conjunto entero: el Hirshhorn Museum, proyectado por Gordon Bunshaft expresamente como sede de importantes colecciones de arte moderno: de ahí el esquema futurista del gran cilindro abierto, apoyado sobre cuatro grandes pilares.

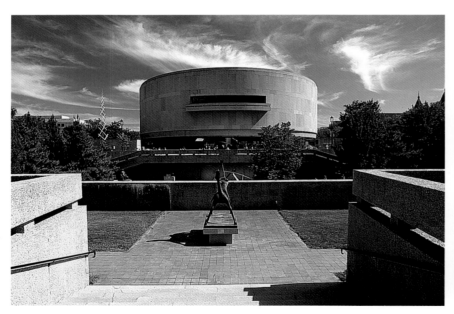

ture Garden, abierto al público en 1974 y nacido gracias a la generosidad y el interés por el arte de Joseph H. Hirsshorn, que donó su colección entera al Smithsonian en 1966. El museo, caracterizado por un edificio casi escultórico proyectado por el arquitecto Gordon Bunshaft, está dotado de un espacio abierto dedicado enteramente a la exposición de esculturas modernas y contemporáneas.

La colección Hirshhorn está formada por más de 11.000 obras realizadas por los artistas más célebres y representativos del arte moderno americano e internacional, entre los que recordamos, sólo por citar algunos, a Heri Moore, Ashille Gorky, Alexander Calder, Alberto Giacometti y Pablo Picasso.

278 *abajo Frente al Hirshhorn Museum (la fotografía se sacó con el edificio a las espaldas, mirando hacia el edificio de los Archivos Nacionales, visible al fondo), el Sculpture Park reúne obras, entre otros, de Alexander Calder y Auguste Rodin.*

279 *abajo Una obra de Alexander Calder está expuesta en el interior del Air and Space Museum. El nombre del gran escultor estadounidense está también unido al museo porque una de sus pinturas fue reproducida como cartel para la apertura del mismo en 1976.*

Rock & Roll Hall of Fame and Museum

CLEVELAND, EE.UU.

El Rock & Roll and Fame Museum nació en la ciudad de Cleveland (Ohio, Estados Unidos), emblemática porque nació aquí, a mediados de la década de 1950, el término «Rock & Roll», con el que se identificó un nuevo y arrollador modo de hacer música que ha entusiasmado y arrebatado no sólo a Estados Unidos sino al mundo entero.

La idea de fundar este museo nació en 1983 gracias al discógrafo Ahmet Ertegun que en los años sucesivos y junto a otros apasionados y adeptos, constituyó la Rock & Roll Foundation que empezó a recoger los fondos y adhesiones necesarias para dar vida al museo. En 1986 y entre una veintena de propuestas posibles, se seleccionó como vencedora la ciudad de Cleveland,

y al año siguiente se encargó el proyecto del complejo museístico al distinguido arquitecto chino americano Ieoh Pei Ming.

Pensar en una arquitectura capaz de representar un museo temático tan insólito y singular puso en dificultad al arquitecto, quien se declaró escasamente competente en materia musical. Para convencerlo, tras una serie conciertos, parece que fue una simple consideración: «el rock & roll afecta a la energía», igual que la arquitectura. Así fue como nació este fascinante y singular museo, inaugurado al público en 1995, que contiene no sólo espacios dedicados a exposiciones, sino también un centro de estudios dotado de oficinas, archivo, biblioteca y espacios para eventos culturales de varios tipos.

280-281 *Ubicado en una posición muy sugestiva en el lago Erie, el Rock & Roll Hall of Fame and Museum, con su arquitectura lineal, sobria y al mismo tiempo enérgica, ha tenido gran importancia en la renovación de los muelles del puerto de Cleveland.*

281 abajo *Superficies y estructuras en resalte, con las que el arquitecto ha realizado este templo del Rock & Roll, crean cuerpos avanzados con sólidas formas geométricas que parecen reinterpretar algunas instancias de la arquitectura racionalista.*

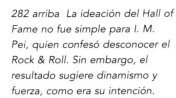

282 arriba La ideación del Hall of Fame no fue simple para I. M. Pei, quien confesó desconocer el Rock & Roll. Sin embargo, el resultado sugiere dinamismo y fuerza, como era su intención.

282 abajo Más en consonancia con el espíritu de la institución cultural, en el atrio del Hall se encuentra ubicado una parte de la escenografía del «Zoo Tv Tour» de U2. La escultura utiliza viejos automóviles Trabant.

282-283 Elemento reconocible del proyecto de I. M. Pei es el uso de la pirámide, que recuerda a la entrada del Louvre de París. En Cleveland, la estructura no es autónoma, sino que está adosada al cuerpo central del edificio.

Rock & Roll Hall of Fame and Museum

Formado por la unión de una serie de robustos geométricos yuxtapuestos, se desarrolla en torno a una torre octogonal de casi 50 m de alto que surge del agua del puerto de Cleveland, y alrededor del cual aparecen como eyectados, dispuestos asimétricamente, otros dos cuerpos arquitectónicos, que contienen los espacios expositivos del museo. Delante, en la vertiente que mira al puerto y al lago Erie, un palafito monumental sustenta el teatro, un ambiente en forma de cono truncado que se une con las demás partes del museo mediante una pasarela. El gran pabellón de forma triangular que, junto a los otros cuerpos del edificio, constituye una fachada singular y la entrada principal del edificio, que da a la plaza pública, ideada y utilizada para actuaciones, conciertos y espectáculos. Los espacios de exposición se desarrollan en ocho pisos, de dimensiones decrecientes ya que están situados en el interior del pabellón acristalado en forma de tetraedro. La última sala es la Hall of Fame, un ambiente donde los visitantes se ven envueltos por juegos de luces de fibra óptica. Las galerías de exposición, unidas entre sí por rampas de escaleras y ascensores, crean en su interior una especie de plaza cubierta, donde los visitantes pueden descansar y reposar. Esta plaza ofrece una placentera panorámica sobre el paseo circundante, gracias a la amplia vidriera que junto al gran uso del color blanco, absorbe una abundante iluminación natural. Los materiales escogidos son, ante todo, simples. Se trata de cemento revestido por paneles de aluminio pintado de blanco, que contrastan con el gris carbón de la pavimentación de los interiores, y el cristal que crea un juego de reflejos entre los espacios internos y externos del museo. Además del juego de miradas y reflejos entre los espacios internos y externos, el museo crea también un juego de sonidos. La reverberación de las ondas acústicas que proviene de su interior se extiende por las proximidades y por el paisaje, dándole aún un tono todavía más artístico e insólito.

Museum of Modern Art

SAN FRANCISCO, EE.UU.

El San Francisco Museum of Modern Art, conocido también como SFMOMA es un museo de arte moderno y contemporáneo situado en las cercanías de los jardines Yerba Buena, una zona recientemente remodelada gracias también al nacimiento del nuevo Centro para las Artes. La disposición actual del Museo fue renovada en 1995 por el arquitecto Mario Botta, pero la historia de su origen se remonta a 1935 cuando el museo abrió sus puertas al público por vez primera.

Se trataba entonces del primer museo de la Costa Oeste dedicado fundamentalmente al arte del siglo XX, y durante sus primeros 60 años de vida tuvo como sede el cuarto piso del edificio dedicado a los Veteranos de Guerra, situado en Van Ness Avenue, en el corazón de San Francisco. En la década de 1950 se efectuaron algunos trabajos preliminares para modernizar y ampliar los espacios de exposición, necesarios por el creciente número de obras que confluyeron en las colecciones. Por este motivo, sobre todo en la década de 1960, se realizaron de nuevo trabajos de ampliación en las salas del museo, que empezó a abarcar otros espacios del edificio, pero a fines de la década de 1980 se manifestó la intención de abandonar el edificio War Memorial Veterans dada la clara necesidad de disponer de un edificio bastante amplio y funcional para acoger y custodiar todas las colecciones. En 1988 fue seleccionado Mario Botta como el proyectista ideal del nuevo museo. Éste fue el primer encargo

284 *El Museum of Modern Art de San Francisco, situado en las cercanías del jardín de Yerba Buena, ocupa un ángulo entre la 3.ª, Minna y Howard Street. Su realización y apertura para su* *nueva función en 1995 han permitido a la ciudad revalorizar la zona entera.*

285 *El museo, proyectado por el arquitecto suizo Mario Botta,* *gracias a la enfática horizontalidad que lo caracteriza en su conjunto y a su masa volumétrica supone un contraste perfecto con el panorama circundante de la ciudad.*

286 *Las escaleras, observadas aquí desde el atrio de entrada al piso bajo, permiten alcanzar los pisos en los que se encuentran los espacios expositivos. Las notables bandas rayadas realizadas en granito gris y negro se contraponen, sobre todo en la vista desde el exterior, al rojo de los ladrillos que recubren el edificio y que constituyen una marca del estilo de Botta.*

287 arriba *A través del lucernario y el vacío de las escaleras, la luz natural (fundamental en los trabajos de Botta para su función de paso entre el ambiente exterior y el interior) se esparce por el atrio.*

287 abajo *El arte conceptual de Sol LeWitt, famoso por sus gigantescos murales abstractos, crea un impresionante contraste en este escorzo del atrio.*

Museum of Modern Art

que recibió el arquitecto suizo en Estados Unidos, y en breve tiempo comenzaron las obras; en 1994 empezaron a trasladarse obras y oficinas de la vieja a la nueva sede, que fue inaugurada en 1995. El edificio de Mario Botta es hoy uno de los más interesantes y representativos de la moderna San Francisco: presenta una estructura compacta, sólida, obtenida yuxtaponiendo bloques en volúmenes cuadrangulares, colocados simétricamente, y de los que, desde una posición central, emerge una torreta cilíndrica truncada. La fachada, formada por cajas rebajadas hacia atrás, se caracteriza por tres colores: el rojo de los ladrillos que recubren

el edifico en su exterior se contrapone con las bandas blancas y negras del exterior de la torre, y que volvemos a encontrar en las columnas y paredes a los lados de la entrada y en el interior del atrio. La evidencia de la forma del arco y el cuadrado, como el uso de materiales naturales, son dos peculiaridades persistentes en la obra de Mario Botta que encontramos también en el proyecto para el SFMOMA: los ladrillos rojos, así como el elemento de la torre, son elementos arquitectónicos que evocan la arquitectura medieval, mientras que la bandas rayadas de granito blanco y negro que recubren la torre lucernario, las

288 arriba En el último piso, que alberga la enorme colección de obras fotográficas y de artes gráficas, se encuentra además la biblioteca del museo, que contiene más de 65.000 volúmenes, y

también otros espacios para actividades del público.

288 abajo La escalera resalta con dos rampas semicirculares sobre el espesor del muro del lucernario

cilíndrico, ofreciendo la percepción de cómo Botta construyó el edificio, poniendo énfasis en el eje central y en el centro de gravedad de la composición.

columnas y los pilares recuerdan a la catedral de Siena y a la arquitectura morisca. El recubrimiento de ladrillos envuelve, ocultándola, la armadura del museo, realizada en cemento y acero, con un cumplimiento absoluto de la severa reglamentación antisísmica que regula la construcción en la ciudad californiana.

Otro dato de importancia esencial para reconocer el estilo de Botta, que deriva de la arquitectura de Louis Kahn, famoso arquitecto con quien tuvo ocasión de trabajar, es el del papel de tiene la luz natural en los espacios del edificio: la fuente principal de la que filtra la iluminación solar es de hecho la torre-lucernario, de la que provienen en ángulo cenital los rayos que inundan el atrio, difundiéndose hacia los espacios de exposición y amplificándose ante la preponderancia de las paredes rigurosamente blanquísimas. La luz para Botta tiene, además de un valor fun-

cional, un valor altamente simbólico. Los museos, según el arquitecto, han de ser considerados como las catedrales del mundo contemporáneo y, como tales, deben acercar al visitante al arte sin intimidarlo, pero posibilitando un contacto casi espiritual con el edificio y con lo que está expuesto en él.

Además del espaciamiento luminoso de los tres niveles de exposición, en cuyo interior hay una veintena de galerías donde se pueden admirar obras de los más grandes artistas del siglo XX y XXI, golpea el modo con el que la masa global del museo logra integrarse y dialogar con los rascacielos y con el tejido urbano circundante. Desde luego que el edificio está, deliberadamente, por debajo de la desmesurada altitud de los «vecinos de casa», pero exhibe tal plasticidad e identidad de materia y forma que le permite hacerse notar sin ser ensombrecido.

288-289 y 289 abajo Mario Botta describe al museo en sus declaraciones como una catedral contemporánea, en la que la luz, como elemento natural y material de construcción que refleja la influencia de las arquitecturas de Louis I. Kahn, se convierte en símbolo de espiritualidad y sacralidad del lugar. Esto se manifiesta de modo particular en el imponente lucernario de forma cilíndrica que permite a la luz natural inundar el atrio. El puente, que corre por debajo de éste, permite al visitante gozar de una espléndida panorámica desde lo alto hacia abajo, que hace de centro neurálgico del edificio.

290-291 En el conjunto, los espacios del SFMOMA destinados a la exposición de obras de arte abarcan más de 15.000 m². En su interior se albergan tres galerías particularmente amplias, cada una de las cuales tiene más de 2.000 m², y alrededor de 20 galerías con espacios de superficie variable desde los 150 a los 1.000 m².

291 La primera galería del museo, donde tiene su sede una selección de la colección permanente, está provista de un espacio para exposiciones de arquitectura y de diseño; en el segundo piso está la sección dedicada a la fotografía y a los trabajos en papel, mientras que los dos últimos pisos comprenden los espacios donde se acondicionan las muestras temporales y las obras de arte

contemporáneo, parte de la colección permanente, que necesitan de espacios más grandes.

292-293 En el crepúsculo, la yuxtaposición de masas simétricas creada por Botta, adquiere nueva vida con la luz artificial, redefiniendo la imagen de toda la zona de Yerba Buena, recientemente reordenada.

Museum of Modern Art

Museo Nacional de Antropología
CIUDAD DE MÉXICO, MÉXICO

El Museo Antropológico de Ciudad de México nació del deseo de contar, mediante la exposición de testimonios etnográficos y antropológicos, la historia de la evolución de la civilización mexicana, a partir de las culturas prehispánicas que caracterizaron sus orígenes. El museo fue construido en 1963-1964, si bien los orígenes de las colecciones se remontan a muchos años atrás, durante la fase de conquista española en el siglo XVI, cuando los colonizadores sintieron necesidad de estudiar las poblaciones indígenas recién sometidas, y a estas primeras investigaciones se debe el planteamiento antropoló-

gico con el que se estructura y piensa el museo naciente. Una de las primeras investigaciones llevadas a cabo con la finalidad de escribir la historia y cultura de los pueblos mexicanos fue la del estudioso italiano Lorenzo Boturini Bernaducci quien, llegado a México en 1736, empezó a reunir un considerable número de escritos, documentos y testimonios. Sus intenciones, sin embargo, fueron truncadas porque todo el material fue secuestrado y llevado a la Universidad Real y Pontificia, lo que constituyó el primer fondo de colecciones del museo, que desde entonces aumentaron siempre a ritmo creciente.

DE ANTROPOLOGIA

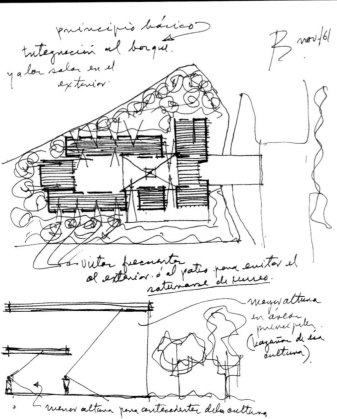

294-295 El emblema de México, ya sagrado para el famoso pueblo Azteca, acoge a los visitantes en el centro de la fachada del Museo Nacional de Antropología. La construcción del conjunto se inició en 1963 en la colina de Chapultepec y se realizó sólo en 19 meses.

295 abajo Dos bocetos del arquitecto Pedro Ramírez Vázquez ilustran una planta y el alzado lateral del futuro edificio. Asunto conceptual de todo el proyecto fue el de rendir homenaje a la cultura indígena, en cuya elaboración se resalta el espíritu de la moderna República de México.

296 y 297 arriba Desde el punto de vista arquitectónico, el museo mismo es en sí una compleja obra de arte, formada por algunas de las más notables realizaciones del arte mexicano de los años 60 del siglo XX. Para demostrarlo está, sobre todo, el espectacular

«Paraguas», un pilar en el interior de la Galería Gran Nayar. Carga de simbolismo y de monumentalidad, la columna fue decorada en bronce por los escultores José y Tomás Chávez Morado, y hace de centro gravitacional del museo.

297 abajo La idea original del Paraguas, como ilustra este proyecto, preveía que el pilar sirviera para proteger a los visitantes del museo en el interior del patio. La superficie que cubre el paraguas es de 84x52 metros.

Museo Nacional de Antropología

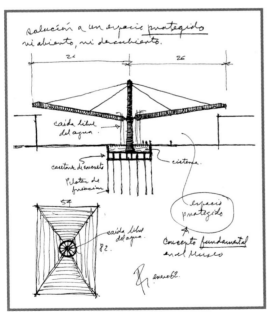

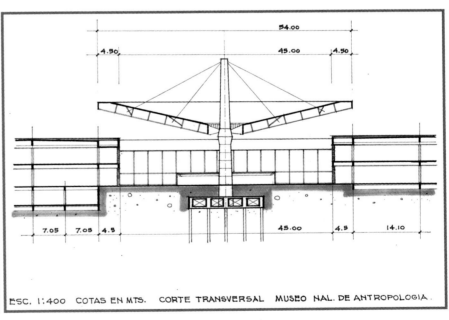

El primer incremento importante de este patrimonio derivó de la orden, emitida en 1790 por el Conde de Revillagigedo, de reunir y llevar a la universidad todos los objetos recobrados durante las excavaciones realizadas para los trabajos de la Plaza Mayor. Pero fue el historiador y político don Lucas Alaman quien constituyó en 1823 el Museo de Antigüedades e Historia Natural, que con la proclamación oficial del primer presidente de la República Constitucional Mexicana don Guadalupe Victoria en 1825, se convertirá oficialmente en el Museo Nacional. Las colec-

ciones consistían entonces, principalmente, en objetos de historia natural de la época prehispánica, pero la cantidad de materiales creció tanto que los espacios de la universidad se quedaron pequeños, y el archiduque Maximiliano emitió un edicto en 1865 por el que destinaba el antiguo edificio de la Casa de la Moneda, construido en estilo barroco en 1731, a convertirse en la sede del Museo Nacional, que se inauguró en 1866.

Después de una docena de años se inició la publicación de un boletín anual, signo de la continuada proliferación de

Museo Nacional de Antropología

298 abajo y 298-299 La excepcionalidad de los objetos (en los casos ilustrados, una urna o incensario de fabricación huasteca, abajo a la izquierda; *una cabeza olmeca de Tabasco, arriba a la derecha, y la célebre Piedra del Sol, el disco calendario azteca visible en el fondo, (abajo a la derecha) contribuye, junto* *con la ordenación arquitectónica extremadamente lineal y la presentación misma de los objetos, a causar en el visitante una viva impresión.*

estudios e investigaciones, y en 1910, debido a problemas de orden y espacio de las secciones, se decidió separar las colecciones de Ciencias Naturales y transferirlas al que se convertirá oficialmente en el Museo Nacional de Historia Natural. Desde entonces el Museo Nacional tomó el nombre de Museo Nacional de Arqueología, Historia y Etnografía, para convertirse después, en 1939 y hasta hoy, en el Museo Nacional de Antropología, si bien el traslado a la sede actual se producirá en 1966. Para la construcción del nuevo edificio, iniciada tres años antes, fue localizado un espacio muy amplio frente al lago Chapultepec. El arquitecto Pedro Ramírez Vázquez fue el encargado de coordinar el proyecto, que avanzó muy rápidamente. Poco después de un año y medio del inicio de los trabajos, el nuevo museo pudo ser inaugurado por el presidente de la república Adolfo López Mateos. La arquitectura del complejo no es menos sugestiva que su contenido. El uso esmerado de los planos y los volúmenes, de la luz y la sombra crean escenarios misteriosos muy adaptados a los objetos secretos y fascinantes como las cabezas olmecas de piedra, los ídolos precolombinos y los gigantescos calendarios mayas. El núcleo del museo es, sin embargo, el Paraguas, columna monumental situada en el patio central del complejo. Para proteger de la lluvia este importante espacio del museo (que sirve de centro de unión de los dos cuerpos principales), el arquitecto pensó en la solución más obvia, justamente un paraguas enorme. Inicialmente provisto de un sistema para hacer correr el agua de la lluvia, para no cargar con pesos imprevisibles, el Paraguas fue después dotado de bombas eléctricas para descargar continuamente agua alrededor de la columna central, creando una especie de gran fuente «inversa». Ramírez Vázquez creó así otro ambiente muy sugerente, de difícil definición, ni cubierto ni descubierto. El inigualable patrimonio conservado en el museo dispone en total de más de 80.000 m² de superficie expositiva, 44.000 de ellos en ambientes cubiertos y alrededor de 36.000 en espacios abiertos.

ÍNDICE

BIBLIOGRAFÍA

Adalgisa Lugli, Giovanni Pinna, Virgilio Vercelloni, *Tre idee di Museo*, Jaca Book, Milán 2005.

Carlo Olmo, *Dizionario dell'architettura del XX secolo*, Allemandi, Turín 2000.

David M. Wilson, *The British Museum: A History*, The British Museum Press,

Londres 2003. Lanfranco Binni, Giovanni Pinna, *Museo. Storia e funzioni di una macchina culturale dal Cinquecento a oggi*, Garzanti, Milán 1989.

Karsten Schubert, Museo. *Storia di un'idea. Dalla Rivoluzione francese a oggi*, Il Saggiatore, Milán 2004

Krzystof Pomian, *Collezionisti, amatori e*

curiosi. París-Venezia XVI-XVIII secolo, Il Saggiatore, Milán 1989.

Luca Basso Peressut, Musei. *Architetture 1990-2000*, Federico Motta Editore, Milán 2000.

Luca Basso Peressut, *Il museo moderno: architettura e museografia da Auguste Perret a Louis*

I. Kahn, Lybra Immagine, Milán 2005.

Michel Laclotte, Storie di Musei. *Il direttore del Louvre si racconta*, Il Saggiatore, Milán 2005.

Peter Gössel, Gabriele Leunthäuser, *Architettura del XX secolo*, Taschen, Colonia 2003.

CRÉDITOS FOTOGRÁFICOS

Brigida Gonzales: pág. 85

Reinhard Gorner/artur: pág. 74 al centro, 74 abajo a la izquierda

Sylvain Grandadam: pág. 6-7

Sylvain Grandadam/Agefotostock/Marka: pág. 270-271

Sylvain Grandadam/Hoa-Qui/Hachette Photos/Contrasto: pág. 291 arriba

Ronald Halbe/artur: pág. 122, 123 arriba a la izquierda e a la derecha, 123 al centro a la izquierda, 124-125, 125 a la derecha, 127 arriba

Brownie Harris/Corbis: pág. 282-283

Jason Hawkes: pág. 48-49, 57, 62-63

Heeb/Laif/Contrasto: pág. 18-19, 299

Por amable cesión del estudio Hg Merz Architekten Museumsgestalter: pág. 84 arriba

Por amable cesión del estudio Herzog&De Meuron: pág. 56 abajo

Kerin Hessmann/artur: pág. 80 arriba a la izquierda

Tim Hiltabiddle/Agefotostock/Marka: pág. 272

Johanna Huber/Sime/Sie: pág. 178 abajo a la derecha

Hufton+Crow/View: pág. 145 arriba

Timothy Hursley: pág. 218 arriba, 218-219, 220 abajo a la izquierda y derecha, 221, 222, 224-225, 240-241, 241, 242 arriba y abajo, 243, 244 arriba y abajo, 245, 246-247, 247, 276 abajo a la izquierda y derecha, 277

Javier Hinojosa: pág. 294-295, 296, 297 arriba

Hanan Isachar/Sime/Sie: pág. 219 abajo a la derecha

Ian/London Aerial Photo Library/Corbis: pág. 32-33

Kunsthistorisches Museum: pág. 88-89, 89

Javier Larrea/Agefotostock/Contrasto: pág. 162, 163 arriba

Javier Larrea/Agefotostock/Marka: pág. 182 abajo

Por amable cesión del Jewish Museum Berlin's Libeskind Building/Jens Ziehe/Jewish Museum Berlin: pág. 74 arriba

Joergensen/Laif/Contrasto: pág. 76 abajo a la izquierda

Kaos/Sime/Sie: pág. 179

Brooks Kraft/Corbis: pág. 282 abajo

Langrock/Laif/Contrasto: pág. 76 abajo a la derecha, 77

Alvaro Leiva/Agefotostock/Marka: pág. 191 arriba

Erich Lessing Archive/Contrasto: pág. 11, 72-73, 98-99, 100 abajo a la izquierda, 101, 189

Por amable cesión del estudio Daniel Libeskind: pág. 74 abajo a la derecha

Marcello Libra/Archivo White Star: pág. 90

David Mackenzie/Alamy Images: pág. 152-153

Raf Makda/View: pág. 59 abajo

William Manning/Corbis: pág. 281

Daniele Mattioli/Anzenberger/Contrasto: pág. 151 abajo

Susy Mezzanotte: pág. 157, 206 al centro y abajo, 212 abajo

Susy Mezzanotte/Sime/Sie: pág. 208-209, 210 abajo a la derecha

Andrew Moore: pág. 212 al centro

James H Morris/Carré d'Art - Museo de Arte Contemporáneo de Nímes: pág. 128-129

Por amable cesión del estudio Moshe Safdie and Associates, Inc.: pág. 219 abajo a la izquierda, 223, 240

Por amable cesión Museo de Arte Moderno y Contemporáneo de Trento y Rovereto: pág. 166 arriba, 166-167, 167, 168-169, 170 arriba

Gerhard Murza/BPK/Archivo Scala: pág. 70-71

Museum of Fine Arts, Boston: pág. 248, 248-249, 249 abajo, 250 arriba y abajo, 253 abajo

Musée Océanographique de Monaco/Collection: pág. 136 abajo

Musée Océanographique de Monaco/M. Dagnino: pág. 136-137, 138, 139 arriba, 139 abajo a la izquierda y derecha, 140-141, 141 al centro y derecha, 141 abajo

Netherlands Architecture Institute: pág. 66 arriba, 66 abajo a la izquierda y derecha

Österreichisches Staatsarchiv: pág. 88

Massimo Pacifico/Marka: pág. 136 arriba, 141 arriba

Igor Palmin: pág. 194-195, 195, 198 arriba, 198 abajo a la izquierda y derecha, 199

Por amable cesión Pei Cobb Freed & Patners Architects LLP: pág. 94, 97

Photolibrary: pág. 150-151

Photostock: pág. 190-191, 191 abajo, 192 arriba y abajo, 192-193

Sergio Pitamitz/Agefotostock/Marka: pág. 154 arriba

Liselotte Purper/Bpk/Archivo Scala: pág. 73 abajo

Pushkin Museum: pág. 196, 197 arriba y abajo

Jose Fuste Raga/Corbis: pág. 158-159, 164-165

Por amable cesión Richard Rogers Patnership: pág. 102 arriba y abajo

Christian Richters: pág. 82-83, 84 abajo, 87 arriba a la izquierda

Massimo Ripani/Sime/Sie: pág. 49, 66-67, 160 abajo, 161

Hugh Rooney/Eye Ubiquitous/Corbis: pág. 180 a la izquierda

Steve Rosenthal/www.steverosenthalphoto.com: pág. 252-253, 253 arriba

Bill Ross/Corbis: pág. 282 arriba

Photo Rmn: pág. 98-99, 99 arriba a la derecha, 100 abajo a la derecha, 108 abajo a la izquierda y derecha, 110-111, 111, 112-113, 113 arriba y abajo, 116-117, 117 arriba y abajo, 118-119, 119 arriba y abajo

Isabel Arriero Sanchez/Cover/Contrasto: pág. 153 abajo

San Francisco Museum of Modern Art: pág. 285, 287 arriba

Sasse/Laif/Contrasto: pág. 273 abajo

Archivo Scala: pág. 175 abajo, 186 al centro, 186-187, 260 arriba, 261, 262 abajo, 264, 266, 267 abajo a la izquierda

Michel Setboun/Corbis: pág. 114

Doug Scott/Agefotostock/Contrasto: pág. 202-203, 205 abajo

Giovanni Simeoni/Sime/Sie: pág. 173, 204, 206-207

George Simhoni/Masterfile/Sie: pág. 205 arriba, 210-211

Philippe Simon/Artedia: pág. 125 a la izquierda

Massimo Siragusa/Contrasto: pág. 180 a la derecha

Richard Hamilton Smith/Corbis: pág. 114-115

Superstock/Agefotostock/Marka: pág. 211 abajo

State Hermitage Museum: pág. 200, 202, 210 abajo a la izquierda, 212-213

M. Antoine Stinco/Les Abattoirs: pág. 135 arriba y abajo

Michele Tabozzi: pág. 15, 16, 20-21, 34-35, 35 arriba, al centro y abajo, 36 arriba, al centro y abajo, 38 arriba a la izquierda y derecha, 38 abajo a la derecha, 39, 50 arriba, 50 abajo a la izquierda y derecha, 51, 53 arriba, 53 abajo a la izquierda y derecha, 54 arriba a la izquierda y derecha, 54 abajo, 54-55, 62, 63 abajo a la izquierda y

derecha, 64, 65 arriba, 103, 104 arriba, al centro y abajo, 104-105, 106, 107 arriba y abajo, 142-143, 145 abajo, 146, 147 arriba, 148 a la derecha arriba, 148 a la izquierda arriba, al centro y abajo, 149

Claude Thibault/Alamy Images: pág. 108-109

Tokio National Museum Image Archives/www.TnmArchives.jp: pág. 226, 226-227, 228 abajo a la izquierda y derecha, 228-229, 229 arriba y abajo

Peter Titmuss/Alamy Images: pág. 211 arriba

The Trustees of the British Museum/The British Museum: pág. 32 abajo, 33

Wes Thompson/Corbis: pág. 280-281

Foto Tosi: pág. 174, 175 arriba a la izquierda y derecha, 178 arriba, 178 abajo a la izquierda

Rohan Van Twest/Alamy Images: pág. 258-259

Por amable cesión de Unstudio: pág. 82 abajo, 83 arriba y abajo, 84 a la izquierda

Por amable cesión de Unstudio/ Christian Richters: pág. 86, 87 arriba a la derecha, 87 al centro y abajo

V&A Images: pág. 40 arriba y abajo, 40-41, 42, 43 arriba, 43 abajo a la derecha, 44 arriba y abajo, 44-45, 46-47, 47 arriba, al centro y abajo

Pablo Valentini/Alamy Images: pág. 124 abajo a la izquierda

Carl Valiquet/Masterfile/Sie: pág. 212 arriba

Sandro Vannini/Corbis: pág. 185

Archivo Vasari: pág. 184-185, 186 arriba y abajo

Giulio Veggi/Archivo White Star: pág. 38 abajo a la izquierda, 63 arriba, 65 abajo

Visual&Written SL/Alamy Images: pág. 8-9

Vojtech Vlk/Agefotostock/Marka: pág. 298

Buss Wojtek/Hoa-Qui/Hachette Photos/Contrasto: pág. 200-201

Alan Wylie/Alamy Images: pág. 265 abajo

Yad Vashem Museum: pág. 218 abajo, 220 arriba

Michael Yamashita: pág. 254-255

Boening/Zenit/Laif/Contrasto: pág. 24-25

Zentralarchiv/Bpk/Archivo Scala: pág. 71 abajo

Jim Zuckerman/Corbis: pág. 182-183

AGRADECIMIENTOS

La autora desea mostrar su agradecimiento a:
Giovanni Pinna, Dario Pinton, Tommaso Benelli, Alessio Meoli y Alessandra Camin Galgani

El editor desea mostrar su agradecimiento a:
Ateliers Jean Nouvel, París, Charlotte Huisman
Mario Botta Architetto, Lugano, Elisiana Di Bernardo
Santiago Calatrava, LLC, Zurich, Angelika Kreuzer
Carré d'Art - Museo de arte comtemporáneo de Nimes, Delphine Verrières
Dale Chihuly, Seattle
Foster and Partners, Londres, Kathryn Tollervey
Gehry Partners, LLP, Los Ángeles, Rhiannon Gharibeh
Herzog & de Meroun, Basilea
INAH – Coordinación Nacional de Difusión, Ciudad de México, Fabiola Mosqueira
Jewish Museum, Berlín, Christiane Rütz
JPW – Johnson Pilton Walker, Sydney, Adrian Yap
Kunsthistorisches Museum mit MVK und ÖTM, Viena, Florian Kugler
Les Abattoirs, Toulouse, Jocelyne Paris
MART, Rovereto, Attilio Begher
Moshe Safdie and Associates, Inc., Somerville, MA, Jane Baldini

Museo del Louvre, París, delegada de comunicación, Elisabeth Laurent de Rummel
Museo Oceanográfico de Mónaco, Didier Théron y Michel Dagnino
Museo Egipcio de El Cairo
Museum of Fine Arts, Boston, Erin M.A. Schleigh
Museum of Modern Art, Nueva York, Carey Gibbons
Netherlands Architecture Institute, Rotterdam, Letje Lips
Österreichisches Staatsarchiv, Vienna, Leopold Auer
Pei Cobb Freed & Partners Architects LLP, Nueva York, James Balga
Ramírez Vázquez Y Asociados, Ciudad de México, Pedro Ramírez Vázquez, Araceli Mendoza y Karina Garcia
Richard Rogers Partnership, Londres, Jenny Stephens
San Francisco Museum of Modern Art, Ann B. Gonzalez
Studio Daniel Libeskind, LLC, Berlín, Amanda Dahlquist
The State Pushkin Museum of Fine Arts, Moscú, Yuri Lukavtchenko e Inna Orn
The Museo Hermitage, San Petersburgo, Elena Obuhovich
Tokio National Museum y DNP Archives.com, Tokio, Satoko Aida
UNStudio, Ámsterdam, Karen Murphy
Violette Editions, Londres, Robert Violette
Yad Vashem Museum, Jerusalén, Susan Weisberg